引爆
品牌与个人IP

韩博 王九山 王六六 姜来 ◎著

中国纺织出版社有限公司

内 容 提 要

移动互联网时代，品牌与用户建立关系的方式和营销的策略已经发生了深刻的变革。在激烈的市场竞争中，品牌如何吸引更多粉丝？个人如何增长自身价值？答案就是打造品牌IP与个人IP。本书立足品牌IP与个人IP打造，分为上、下两篇。上篇讲述品牌IP的打造，从品牌IP化的内涵、品牌IP人格化、品牌IP形象、品牌IP运营、品牌IP营销、品牌IP的联名玩法角度细讲品牌IP化；下篇讲述个人IP的引爆，从创新思维、主要类型、收获粉丝、引爆IP、社群文化、变现路径角度细讲个人IP的打造与经营。本书为每一个看到品牌IP重要价值的企业家而写，为每一名在互联网时代奋斗的价值塑造者而写。

图书在版编目（CIP）数据

引爆品牌与个人IP / 韩博等著. --北京：中国纺织出版社有限公司，2024.4
ISBN 978-7-5229-1484-8

Ⅰ.①引… Ⅱ.①韩… Ⅲ.①品牌营销 Ⅳ.
①F713.3

中国国家版本馆CIP数据核字（2024）第050522号

责任编辑：曹炳镝　段子君　于　泽　责任校对：寇晨晨
责任印制：储志伟

中国纺织出版社有限公司出版发行
地址：北京市朝阳区百子湾东里A407号楼　邮政编码：100124
销售电话：010—67004422　传真：010—87155801
http://www.c-textilep.com
中国纺织出版社天猫旗舰店
官方微博http://weibo.com/2119887771
三河市延风印装有限公司印刷　各地新华书店经销
2024年4月第1版第1次印刷
开本：710×1000　1/16　印张：13
字数：140千字　定价：58.00元

凡购本书，如有缺页、倒页、脱页，由本社图书营销中心调换

推荐序一

数字经济时代,越来越多的企业投身于品牌建设的行列,并以此作为经营战略的基础,《引爆品牌与个人IP》一书无疑是应对这场竞争的必读之作。因为用传统方式做品牌,需要投入大量的资金与时间才能初见效果;而在以流量为王的新媒体营销时代,本书提供的品牌和个人IP打造窍门具有四两拨千斤的作用,极具参考价值,可以帮助企业快速建立或提升品牌形象,并实现营销转化。个体崛起时代,企业或个人都需要打造自己的品牌和个人IP,这本书非常适合新人或初创企业创始人阅读和学习,能够从品牌和个人两方面带来打造IP的实用策略和技巧,提供有益参考。

——豹变学院创始人　张大豆

推荐序二

此书贵在顶层设计清晰，落地路径明确，共情思维贯穿始终，可谓尽心之作。今天是"品牌即人格"的显性时代，而IP的真义就是因万般人格差异而诞生的唯一性存在，而"唯一"比"第一"重要且永恒一万倍。

——中国IP商学院院长　聂凡鼎

推荐序三

从2000年开始，我就致力于为餐饮品牌打造IP。餐饮品牌的IP化，是从符号到IP的演化过程，也是餐饮品牌和企业在运营成本增加背景下能够解决其痛点的关键。

品牌IP的打造不只是为了提高品牌在顾客心智中的识别性，更重要的是激活IP。品牌的柔性属性与文化价值都通过品牌IP持续传达给用户，建立起品牌在顾客心中的信任价值，从而铸就品牌。那么如何打造出属于自己的品牌IP呢？我推荐乐子老师的《引爆品牌与个人IP》这本新书，读完这本书一定会使你的品牌获益良多！

————餐饮战略专家 刘晓勇

推荐序四

多年前,我就在我的"领袖演说之道"的课堂上提出了"创始人IP打造"的概念。品牌是信任的积累,个人IP是魅力的展现;用创始人的魅力,塑造独一无二的IP;我认为,只要把创始人IP和公司品牌结合在一起打造,就能事半功倍地实现颠覆市场格局的目标,创始人IP是品牌的灵魂火炬,照亮前行道路,无论是初创公司,还是正在转型的传统企业,最忌讳的是只将眼光放在公司品牌打造上,原因是用户不知道你的公司品牌之前就很难接受你的产品,但是如果你能把打造个人IP和宣传公司品牌合一的话,用户就会很容易因为喜欢创始人IP从而选择你的产品。只有觉得这个产品好用或创业者的为人不错,客户才会介绍更多的人来使用你的产品。不明白这个道理,就不能打造出好产品,那么,如何来打造品牌和个人IP呢?快来翻开这本书吧!

——学习型中国论坛创始人　刘景斓

前　言

每个品牌都有一个IP化按钮

当今时代，为什么很多品牌无法引起用户的共鸣？为什么很多企业每年都在推新品，却火不了？为什么很多产品的包装不错，却卖不出好价钱？为什么经销商对代理产品如此挑剔？……主要原因是时代变了，互联网全面刷新了我们的生活。

在品牌营销泛IP化趋势下，品牌和目标用户情感高度联结，品牌和目标用户共情的时代已经来临！以往简单粗暴的洗脑式营销方式逐渐冷场！

产品供过于求的现实，使企业产品在满足用户物质功能这一基本需求后，更需要满足其在特定消费场景下的情感化需求。比如，产品包装由过去的单一功能化到现在的社交工具化，需要将包装内容IP化表达，品名IP化、角色IP化、道具IP化……让产品包装实现自传播和种草。

营销渠道由过去的多层级分销到现在的数字环境下BC一体化，使得渠道商与用户成了好朋友，彼此间没了距离，感性化的联结取代了理性化、冷漠化的交易。

经销代理由过去的卖方市场到现在的买方市场，这种转变不是因为经销商挑剔，而是用户变得更挑剔！

企业在实际经营过程中虽然面临众多问题,但每隔一段时间依然能看到一些品牌火得尽人皆知,例如,某小白、某嗨锅、某子柒、某小卤……这些品牌之所以能火遍大街小巷,除了有资本的助力,一个很重要的原因就是它们都很懂得用户的情感。它们先打造自己的品牌人设,然后运用多种新兴媒介,主动联结到与品牌三观契合、心灵需要按摩的用户,利用让他们爱听、爱哭、爱笑的 IP 化内容进行深层的情感交流,与他们打成一片,从而融入他们的日常生活中。因此,这些当红品牌的营销策略都有一个共同特征——品牌 IP 化!

为了将我创办的实在高餐饮管理公司经营好,为了提高品牌影响力,我不仅同其他企业家一样穷尽了智慧,甚至登上了《中国达人秀》的舞台,这番操作着实让人们对"实在高"印象深刻。

"万物有灵",万物皆媒。在特定时空背景下成长起来的品牌,身上都隐含着某种与生俱来的戏剧感与话题性,都潜藏着等待挖掘的抽象人格。人格化不等于狭义的具象人物设定,但可以是种种带有价值观和独特调性的符号象征,可以是品牌创始人,可以是产品本身,可以是虚拟的品牌代言人,甚至可以是一个微博账号或微信公众号。

我想这本书可以给读者朋友们一些有益的启发,相信大家都能从本书中受益。

《中国达人秀》励志达人　高逸峰

2023 年 12 月 28 日凌晨

目录

上篇　品牌 IP 的打造

第一章　正确理解品牌 IP 化 ·················· 3

常识一：什么是品牌 IP ·················· 3

常识二：IP 与品牌的关系如何 ·················· 6

常识三：内容营销时代——品牌 IP 化 ·················· 9

常识四：品牌 IP 化在品牌发展中的角色与作用 ·················· 12

第二章　品牌 IP 人格化——品牌 IP 化的最高境界 ·················· 17

秘密一：品牌 IP 人格化的六大锚定 ·················· 17

秘密二：品牌 IP 人格化的三大标准 ·················· 22

秘密三：品牌 IP 人格化的四种风格 ·················· 24

秘密四：品牌 IP 人格化的五大方法 ·················· 27

第三章　品牌 IP 形象——打造最佳的品牌 IP 形象 ·················· 29

要点一：成功品牌 IP 形象的三大要素 ·················· 29

要点二：成功品牌 IP 形象的四大特征 ………………………………… 31

要点三：如何打造一个好的品牌 IP 形象 ……………………………… 34

要点四：让用户一眼就爱上的品牌 IP 形象设计 ……………………… 36

第四章 品牌 IP 运营——通过运营，让品牌 IP 动起来 ………… 41

技巧一：三个关键点，即品牌定位、产品运营和文化塑造 ………… 41

技巧二：三策叠加，即"内容+体验+转化" ………………………… 45

技巧三：品牌 IP 化运营陷阱与规避措施 ……………………………… 52

技巧四：品牌超级 IP 形象设计注意事项 ……………………………… 57

第五章 品牌 IP 营销——提高推广力度，增大影响力 …………… 61

方法一：制造一个引爆点，把用户卷入其中 ………………………… 61

方法二：紧跟热点内容，也能蹭些流量 ……………………………… 64

方法三：布局抖音、快手、视频号等短视频平台，提高曝光量 …… 67

方法四："五商+三域"一体的数字化转型服务 ……………………… 72

方法五：没有线下会面，很难建立牢不可破的信任感 ……………… 82

第六章 万物皆可跨界，IP 联名也能出圈 ………………………… 85

模式一：联名擦出火花，带来曝光度与话题热度 …………………… 85

模式二：流量转化"留量"，与用户越走越近 ………………………… 88

模式三：致力于塑造价值，让品牌具有格调 ………………………… 90

2

模式四：思维突破圈层，迅速占领用户心智，提升品牌曝光度与知名度 ·············· 92

下篇　个人IP的引爆

第七章　创新思维，打造个人IP ·············· 99

关键一：唤醒个人IP的品牌意识——成长始于觉醒 ·············· 99

关键二：明确IP的定位——自我认知清晰，明确方向与目标 ···· 105

关键三：制订行动计划——自强不息者，厚积才能薄发 ·············· 109

关键四：修炼内功，落实计划——提升自我的知识储备、技能水平 ·············· 114

第八章　掌握个人IP的主要类型 ·············· 119

类型一：故事型IP ·············· 119

类型二：产品型IP ·············· 122

类型三：创始人IP ·············· 126

类型四：知识型IP ·············· 131

第九章　得到属于你的1000个铁杆粉丝 ·············· 137

要诀一：主动与粉丝互动，吸引他们的注意 ·············· 137

要诀二：给粉丝打造好的体验 ·············· 140

要诀三：打造个人魅力 ·············· 142

3

要诀四：与粉丝相交，不得不注意的问题 ……………………… 144

第十章　让影响力成为价值杠杆，引爆个人IP　149

方式一：写文章，输出价值，提升话语权 ……………………… 149

方式二：做演讲，讲明重点、突出问题 ……………………… 152

方式三：开直播，成为最佳带货人 …………………………… 156

第十一章　建立独一无二的社群文化　161

技巧一：明确社群定位——看看人们对什么感兴趣 …………… 161

技巧二：明确社群原则——提高社群价值 ……………………… 165

技巧三：设计社群规则——没有规矩，不成方圆 ……………… 169

技巧四：输出你的价值、人文关怀和温度 ……………………… 171

第十二章　个人IP的变现路径　175

路径一：订阅打赏 ………………………………………………… 175

路径二：品牌广告 ………………………………………………… 178

路径三：直播变现 ………………………………………………… 181

路径四：网红电商 ………………………………………………… 184

路径五：知识付费 ………………………………………………… 187

后记　195

上篇　品牌IP的打造

第一章
正确理解品牌 IP 化

常识一：什么是品牌 IP

从本质上来说，品牌是一种信任机制，它降低了用户的选择成本。品牌与用户间发生的良性互动频次越多，品牌积累的资产价值就越大。从这个意义上来说，品牌承载的是产品，是用户与企业之间的一种良性互动。

2016 年，定位为新零售撮合交易平台的茅台云商 App 正式上线，打通了全国 2800 家经销商渠道，实现了茅台用户线上下单、就近经销商送货的设想。同时，借助阿里云的技术平台，2.0 版本的茅台云商还打通了经销渠道，实现了全生产线可追溯。

如今，基于阿里云提供的智慧门店解决方案，茅台云商还规划了第四代智慧门店，借此将实现门店数据化，智能客服机器人、无缝支付体验、智能货柜等得到广泛运用。用户一进店，商家就能精准判断出用户的喜好，继而实现精准营销。

为了主动顺应数字化发展潮流，践行"五合"营销理念，更好地满足用户对美好生活的需求，围绕"聚臻品好物，享极致体验，扬茅台文化"的使命，"i茅台"数字化营销平台在2022年试运行上线。

"i茅台"运用云计算技术，为"i茅台"构筑了安全可靠的运行环境，在保护用户隐私的前提下，用户操作体验更好、数据更安全。通过区块链公证、智能风控技术的运用，采用"线上购酒，就近提货"模式，使用户获得了公平、开放、便捷的消费体验。

随着"i茅台"App的持续运营，数字化、立体化地呈现茅台文化，用户能够更好地了解茅台的文化内涵。

在"i茅台"App上线之前，茅台公司将微信公众号、抖音平台、微信朋友圈等线上方式与"请进来、走出去"等线下方式相结合，不断提升了传播速度，越来越多的"茅粉"、用户都注册了"i茅台"App。

因为IP承载的是信息，所以它能被联想到品牌或产品。比如，迎面走过来一位打扮时髦的女生，手里拿着一个橙色的纸袋子，人们的第一反应就是爱马仕这个品牌。

虽然不是所有品牌都会成为IP，但IP一定是品牌进化的最高阶段。品牌的核心作用，是提高产品与用户的沟通效率，让用户在极短的时间内了解产品的特性，同时喜欢上产品。品牌IP化的重要性由此可见一斑。

1. 什么是品牌IP

IP是知识产权（Intellectual Property）的英文缩写，在今天商业语境下的IP可以延伸为可多角度、多方式开发的文化品牌。

我们习惯把一本漫画、一部动画片、一本网络小说、一档综艺节目、一部影视作品，以及偶像明星、自媒体网红、电子游戏及游戏中的角色、吉祥物和潮玩手办等都称作IP。它们的共同特征是，都是有内容的文化产品。

商业IP是经品牌化运营后的内容产品，它自带流量、自带话题，有一定的知名度和影响力，具备粉丝群体和商业变现能力。我们说的品牌IP，就是借鉴商业IP的运营思路，将品牌营销中使用的各种传播手段和信息载体，比如广告、物料、店铺、活动等进行内容化改造，然后将其变成可持续经营的内容产品。

具体来说，就是将一次性的推广活动变成持续运营的营销阵地，将无生命的品牌变成有血有肉、具体可感的人物角色，将无人关注的广告变成有共鸣、有感染力的艺术作品，将促销性的物料变成人们愿意拥有、愿意埋单的文创产品，将单纯用来销售、展示的店铺变成用户愿意体验和打卡的景点。

2. 品牌IP化的实质

品牌IP化，是指用IP化的理念和方法构建和推动品牌的发展成长，从而引发品牌和用户的共鸣。其以触达心灵为导向，实现高效用户联结，更感性，更持久，更优质。品牌完全可以打造专属的品牌IP或利用知名度较高的IP为品牌服务，只要突破用户心智，提高用户对品牌的忠诚度，综合品牌和IP的特性，做好产品服务，同时利用品牌IP化赋予品牌更多的"内容"，用户就会更好地接受品牌和产品，提高产品销售额。

IP形象可以将产品的特性以生动、可视化的人或物的形象呈现在用户面前，给用户留下深刻的印象。品牌的IP化就是要依靠品牌的基因，挖掘品牌的人性，持续吸引用户参与，使用户产生共鸣，最终让品牌自带话题、自带流量。

互联网全面渗透的时代，传播的碎片化使传统营销方式的效果急降，渠道变得更加扁平和分散。过去的通路打法已经无法满足品牌的需求，为了满足用户的圈层化要求，企业就要建立自己的粉丝圈层。只要品牌成功建立自己的IP情感文化，就会事半功倍，因为IP化尤其适合在碎片化传播中实现稳定的价值传播，并达成情感共识。

常识二：IP与品牌的关系如何

品牌和IP，二者看似很像，有些人习惯性地把品牌误当成IP，其实，品牌与IP是两个不同的概念，二者既有区别，也有密不可分的联系。为了吸引用户，占有更大的市场份额，当品牌发展到一定规模时，就需要利用IP化的手段来实现预期目标。

1. 什么是IP

从本质上说，IP是一种无形的财产权，是智力成果或知识产品，是一种无形的财产或者精神财富，是创造性的智力劳动所创造出来的劳动成果。它是以文字、卡通形象、音频或视频为载体的文化形态，是与用户情感的联结和认知的互动，是用户情感的寄托。它最终折射的是人们在文化与情感上的共鸣。

如今，IP的概念更加流行，很多东西都可以称为IP，比如漫画、电视剧、小说、游戏，或者某个人、某个角色、某个金句，或者某种商业现象、某种商业模式、一种思维方法……

2. 什么是品牌

现代营销学之父菲利普·科特勒是这样定义品牌的：品牌是一个名称、名词、符号或设计，或者是它们的组合，其目的是识别某个销售者或某群销售者的产品或劳务，并使之同竞争对手的产品和劳务区别开来。我们平时说的品牌，更像人们对企业的整体认知，主要包括企业的产品、业务、服务水平、文化输出等，是一个集大成的概括，更是企业形象无形的载体。通俗地说，就是用户对产品和企业的认知和信任度。

品牌的内涵包括六个方面，如表1-1所示。

表1-1 品牌的内涵说明

内涵	说明
属性	品牌代表了特定商品的属性，是品牌最基本的含义
利益	品牌不仅代表了一系列属性，还体现了某种特定的利益
价值	品牌体现了生产者的某些价值观
文化	品牌附有特定的文化
个性	品牌反映了一定的个性
用户	品牌暗示了购买或使用产品的用户类型

3. IP和品牌之间的关系

在IP概念出现之前，品牌始终是一个有情感化品牌、人格化品牌、内容化品牌的内涵。但是，随着媒体与传播方式的改变，过往品牌中的情感化、人格化、内容化的部分，现在都变成了IP。

对于企业来说，IP应是为品牌服务的，众多IP特质只是品牌价值的一部分。但如果IP在帮助品牌传播的同时，深受欢迎，那么这个IP也可以自主发展。

品牌思维必须是呈直线的,表现出来就是以行业、品类、产品和服务为本,聚焦简单、直接、有效。对IP的塑造,要考虑文化、情感、温度、直觉等特性,可以通过不太直接的甚至非商业化的内容方式,使其发挥价值。

品牌IP化的根本目标是建立品牌/产品与用户的内心情感联结,而要做到这一点,就要从用户的内心感受出发,使其自发地、自觉地喜爱。因此,品牌在做IP化时,最好先从情感定位开始。

成功的IP定位,一定是能引发用户的感悟、共情的,是超越理智的、潜意识化的情感共振。在打造品牌IP的过程中,唯一的沉淀物就是角色,而角色就是资产。这里说的角色可以是人、动物、宠物、植物、怪物、机器人、外星人、虚拟偶像等形象,它能在二次元空间和三次元现实间任意穿行,强大的角色能自我进化成超级文化符号。

4. IP如何影响品牌

很多传统企业秉持产品思维,兢兢业业地在产品方面下功夫。做事的态度固然令人敬畏,但效果却不理想,最主要的原因是产品思维没有以用户为中心。反观一些新创的企业,它们也注重产品思维,却换了一种方式,悄然地把切入点放在打造IP上,围绕用户需求和喜好来打造产品,最终实现了杠杆效应。

IP对品牌的影响主要体现在以下四个方面:

(1)让用户快速建立品牌联想与品牌识别,为现有业务带来更大的流量。

(2)让用户卸下心理防备,提升用户对商业信息的接受度及购买意愿。如果企业把某一产品或品牌生硬地介绍给用户,一般都会遭到用户拒绝。因为用户不了解你,也不了解你的产品,与你的品牌更没有任何情感联结，所以被拒绝很正常。

（3）实现品牌差异化，提高用户对品牌的好感度和销售转化率。通过IP形象，企业可以实现品牌差异化，让用户在茫茫市场中，一眼就能认出它，从而提升用户对品牌的好感度和忠诚度。

（4）打造企业IP就是打造品牌资产，就是把无形资产变成有形资产。品牌资产不仅包括品牌商标、软件和著作权等，还包括许多无形资产。打造IP形象的目的就在于通过独立的IP项目，把无形资产变成有形资产，甚至变现。

用户之所以需要IP，是因为IP能满足用户的需求。而重视IP与用户的情感关系，更可能让IP发挥巨大的情感能量，也更容易让用户喜爱，甚至能够超越企业品牌本身的局限。

常识三：内容营销时代——品牌IP化

如果将品牌与品牌IP做横向比对，那么单纯的品牌就是存在于现实世界中的一段信息，它本身不带有情感，仅作为一种标志而存在。而品牌IP化，则是将品牌的情感与情绪、温度与文化注入这段信息中，使这个简单的标志具有生命力和"人的视角"，拥有独立的感官和偏好，使之更加具有记忆点和辨识度。

2022年7月，山东省医药零售连锁行业的龙头企业漱玉平民大药房发布全新品牌IP形象——漱小玉。"漱玉"中的"玉"谐音为"鱼"，漱小玉以鱼为原型，既是亲切可爱的漱小玉，又是具备专业医药知识的健康小超人形象，表达了漱玉平民大药房一直坚持为用户提供全生命周期"一站式"家庭健康解决方案。

品牌IP的成功打造，能极大地增强品牌与用户之间的情感联系，在使品牌更具生命力的同时，双方不断交汇的信息也有利于品牌自身的成长。而品牌识别度的提高，则是对品牌发展的一次大强化，能够产生更高的用户黏性、更好的购买选择。

品牌IP化附带衍生的新内容，同样具有一定的商业价值，这使其也拥有了更大的可能性和创造性。

1. 品牌IP化的底层逻辑

品牌IP化的底层逻辑共有三个，如表1-2所示。

表1-2　品牌IP化的底层逻辑说明

底层逻辑	说明
品牌为灵魂 IP为躯体	品牌IP化的立足点是品牌本身。不是自由联想或凭空地捏造一个品牌IP，而是基于品牌自身的基因和土壤，以及品牌的定位和调性，对服务的用户进行人格化植入。IP不能脱离品牌，否则会让人们产生"两张皮"的不真实感。因此，虽然不是所有的品牌都要成为IP，但IP一定是品牌进化的高级阶段
降低物性 树立人性	品牌最大的好处是降低了用户的选择成本和试错成本。品牌的价值越高，用户越信任，产品销量越高；品牌价值会对企业的经营行为产生约束，让企业不断地往里面注入品牌资产。但品牌本身是以货为中心的，是一种物性，跟用户群的沟通方式是一种单向输入；而品牌IP则要降低物性，打造人格化特征，它和用户的沟通方式不再是单向输入，而是一种双向交互，就像与一个活生生的、有温度的人一样沟通交流。简言之，就是让品牌具有情感、情绪、温度和态度。让品牌从情绪和情感甚至情节层面同用户进行深度沟通，从而使用户产生精神共鸣和心灵依附

续表

底层逻辑	说明
先有用户 后有产品	过去的品牌打造是先有产品，后有用户，也就是先根据目标用户定位，设计产品，定位市场，设计营销，和用户沟通，沉淀用户，产生购买等。今天的品牌IP打造是先有用户，后有产品，也就是靠内容和价值输出，先吸引大量的用户粉丝群，再根据用户的需求、喜好等，研发产品、销售产品

2. 品牌IP化运营

如何进行品牌IP化运营？方法不外乎以下四种：

（1）明确定位，输出内容。定位是品牌IP化的开端，能否确定合适的品牌战略、建立差异化的定位，决定着品牌能否成功IP化。定位品牌IP是一项复杂且烦琐的工程，企业应在保留品牌基因与内涵的情况下，深入了解目标用户的价值观念、品牌态度和情感诉求等。品牌IP化，就是先系统地整理出这些内容，明确定位，然后向外输出，对外传播。

（2）唤起情感，增强认同。与冰冷的品牌和产品不同，IP更注重情感因素，它更像一种情感寄托。品牌在IP化过程中，要利用各种资源要素的优化组合，使产品充满生机与活力，以唤起用户特定的情感，来增强品牌竞争力。

（3）打造形象，彰显魅力。品牌与IP的最大差异就是IP具备人格化特点。品牌人格化，可以增强品牌的可辨别性和亲和力。形象是品牌IP人格的视觉化演绎。形象会使品牌IP更加具象和生动，更容易唤起用户的情感和情绪。因为用户喜欢看到一个有血、有肉、有温度的品牌，而不是没有人情味的品牌。IP形象可以是动植物、真人、卡通形象等，也可以是字母、数字等符号。设计特征鲜明的卡通形象和打造人设是品牌建立IP形象的常用方法。例如，品牌 M & M's 为不同颜色的糖豆设计了独一无二的人设，成为世界上识别度最高的糖果之一。

（4）增加互动，实现联动。在明确定位、唤起情感、创建形象之后，品牌能否成功 IP 化，主要在于运营。IP 是一个具有互动性的品牌，品牌并不能单向成就 IP。在运营过程中，企业要与用户加强交流和互动，共同创建品牌内容。在参与的过程中用户会产生更强的立场感，而互动能够让品牌更加立体。通过持续的互动，用户会转化为粉丝，随着粉丝量的积累，品牌资产将实现持续增值。体验经济时代，用户对于品牌价值与服务的追求更加多元，也更看重消费过程的感受与体验。

老字号品牌吴裕泰，在品牌 IP 化过程中以茶文化为核心开展了多元运营。吴裕泰开设了茶室，在茶室内讲解茶艺、演绎茶艺，既展现了中国茶文化的风采和韵味，又为用户提供了体验茶文化的沉浸式环境，拉近了品牌与用户之间的距离。在品茶的过程中，用户沉浸在茶文化的氛围中，逐渐成为吴裕泰的粉丝。

常识四：品牌 IP 化在品牌发展中的角色与作用

品牌 IP 具有能被快速识别的形象，同时承载着品牌的精神。它传递的精神只要能够与用户产生同频共振，就能快速占据用户心智，最终激发用户行动，实现商业变现。

一个成功的 IP 形象可以为品牌带来不可估量的价值，具体可以归纳为以下六点：

1. 塑造品牌形象，提升知名度

当 IP 具备被快速识别的价值时，将成为品牌独一无二的形象，更容易被用户接受，也就更容易在市场中被传播、记忆，从而提升品牌知名度。

喝奶茶的小男孩，就是喜茶品牌的标志，也是品牌 IP。它以一幅简单黑白的简笔画，让用户在看到这个 IP 时，想到自己喝奶茶时的样子，极容易引起共鸣。

2021 年，喜茶 IP 形象冲上热搜，为品牌收割了新一轮流量。起因是，某网友晒出了喜茶标志下半身的身材，因"过分真实"，瞬间戳痛了无数奶茶爱好者的心，同时引发了大量讨论，直接将"喜茶标志全身图"的话题送上热搜。同时，在此期间，品牌直接参与话题互动，发出"多金悬赏灵魂画手"的倡议，由此激发了更多用户的创作欲，有的用户把小男孩变成小女孩，有的用户把小男孩变成一边度假一边喝奶茶的形象。

可见，只要积极塑造品牌形象，就能从品牌传播的角度，快速高效地传递品牌信息，为品牌的自身形象增添新意，收获更多路人和用户的好感。

2. 亲近用户，建立深厚情感

IP 形象承载着品牌的精神主张，多数以活泼且极具亲和力的形象呈现，所以能快速亲近用户并引起用户注意。当它一旦接触到与其世界观、价值观相近的用户群体，便会迅速凝聚、占据用户心智，并随之发展成一种圈层文化，与用户建立起利用传统品牌宣传方式无法触及的深厚情感。

在传统的加油站领域，车主与加油站间处于有交易、没关系的疏离状态。原因是加油站与车主之间缺乏人性化、个性化的互动。新一代的品牌加油站冠德，为了更好地与车主发生美好持久的关系，打造了充满探索精神的品牌IP——小骆。

IP小骆承袭品牌加油站冠德与用户积极进取和追求美好生活的精神，成为品牌与车主之间有情感、人格化的沟通"介质"。它在移动端变成了与车主交流互动的表情包；它在"小骆课堂"分享车主关心的用车、加油知识；在加油站便利店，它推荐车主购买五星好物；它出现在文创周边中，有趣又好玩；它还和车主组队带领大家更进一步，去探索远方……

IP小骆实现品牌营销传播的聚合效应，联结每一位车主，成为车主值得信赖的伙伴。

3.打造差异化，实现商业变现

成功的IP具有超强的带货能力，能激发用户做出购买行动。由IP衍生出的差异化产品，能让品牌从中获利，IP由此也就具备了变现能力。

众所周知，2022年北京冬奥会的吉祥物冰墩墩，成为名副其实的全网"顶流"，无论是线上还是线下，实力演绎了"一墩难求"！

冰墩墩以国宝大熊猫为设计原型，软萌可爱的形象符合年轻人的审美，圈粉无数，甚至在国外也掀起了一波"墩淘"热潮。据悉，在日本人气二手交易平台mercari上，"冰墩墩"周边的价格被炒到7980日元，换算成人民币约390元。据不完全统计，"冰墩墩"为北京冬奥创收超25亿元人民币。

冰墩墩的火爆也带动了奥运商品的搜索与销量。有媒体报道，2022年

2月5日，超过500万用户进入奥林匹克官方旗舰店；2月6日，这个数字突破了1000万，仅当天售出的商品就达到了30万件，其中大约有6万件是冰墩墩的相关商品，其他则是另外的奥运相关商品。

可见，成功的IP确实具有超强的带货能力。

4. 可投射价值取向，获得情感和精神寄托

在"颜值当道"的时代，诸多IP形象以最直观的高颜值造型成功占领用户心智。

泡泡玛特是品牌IP化的典型，由其代理的MOLLY卡通形象呆萌可爱，深受年轻人的喜欢。其以"创造乐趣，创造想象"为理念，向所有人传递美好，倡导过快乐有趣的生活。

品牌IP化可以让传统品牌逐渐变得有温度、有态度，更易于互动。同时，品牌也能通过IP形象获得更多用户的认可，投射出价值取向、身份认同和共鸣感。

用户通过不同的IP形象寻求价值观和文化认同感，同时获得情感和精神寄托。

5. 持续输出内容，强化IP与用户的连接黏性

品牌IP化，不仅通过打造卡通萌宠形象，赋予其人格化和价值观，获得用户喜爱和对品牌的好感度，同时可以成为一个高品质的内容源，持续提供有价值有意义的内容，不断引发与用户的交流互动。比如，卡通IP赋予品牌个性化的形象与精神价值，能与用户产生深度沟通。

品牌IP化可成为超级内容源，持续制造并输出优质内容，使用户产生更强的参与感、立场感，增强品牌与用户之间的黏性。

6. 跨越多平台，拓展多元化的传播渠道

在互联网时代，品牌与用户之间架起无障碍沟通的桥梁，实现"线上+线下"的实时互动模式，为品牌形象的树立和文化内涵的传播提供了技术支撑。移动互联的技术赋能，使单向型传播方式转向互动型传播生态，品牌方与用户不仅可以在线上分享视频、图文等内容，也可以在线下参与快闪店、主题店等品牌活动。

互联网技术的发展催生了多样化的传播平台，品牌IP可以跨平台拓展多元化的传播渠道。线上的交流互动，诸如微信朋友圈、微博、公众号、网站等平台，都是时下最热门、最主流的传播媒介。

互联网时代为品牌IP化提供了水平互动式的传播渠道，用户可以随时随地与品牌进行协商、沟通，或将使用体验分享到多平台，最终实现品牌与用户之间对等的传播模式，打造线上、线下的营销闭环。

第二章
品牌IP人格化——品牌IP化的最高境界

秘密一：品牌IP人格化的六大锚定

IP人格化不仅能够丰富品牌形象，使其更加立体生动，还能拉近品牌和用户之间的距离促进消费行为。

品牌IP人格化塑造的本质是"人"，所以研究"人设"至关重要。

如何打造品牌"人设"呢？可以从视觉、语言、价值、人格、信用及传播力六个维度入手。

1. 视觉锚定

从出生那一刻起，我们就更加关注有特点的东西，因此品牌和人一样需要对外表进行包装。

拟人化的品牌标志可以用最快捷的方式实现人格化视觉锚定。因此，企业在设计拟人化的品牌标志时，要注意遵循极简、色泽鲜明、强关联度等原则，打造独特的视觉形象，这样的品牌标志不仅方便记忆，更能让用户加深对品牌的印象。

拟人化的品牌标志是快速实现人格化视觉锚定的方法。比如，江小白是一个初入职场的年轻人的卡通形象、喜茶的品牌标志是喝着茶饮的小孩形象、海尔兄弟的品牌标志是两个卡通男孩形象等，这些经典的视觉形象都能让用户加深对品牌的印象。

2017年11月9日，江小白布局品牌IP，发布了品牌同名动画《我是江小白》。其深入年轻人的兴趣领域，打造品牌IP内容，让品牌从一个人设走向一个真实的"人"。

集合"青春""爱情""悬疑""治愈"等年轻人喜欢的元素，该故事讲述了"江小白"和久别重逢的朋友共同探访10年前事件的真相，找到了"世界上的另一个我"的经历。

为贴合品牌用户画像，该动画片将主角"江小白"打造成一个初入职场的新人。同时，强调了品牌的重庆出身。动画片直接取景重庆经典地标，即四川美术学院外的涂鸦街道、有百年历史的江津聚奎中学、中空建筑李子坝轻轨站大楼、长江索道等。

配合多种内容形式，江小白利用"线上+线下"的营销方式吸引用户注意力。其实，为了给《我是江小白》IP积累人气，早在2017年10月，江小白就推出了同名漫画《我是江小白》，独家连载于快看漫画。动画片发布前夕，还把IP落地线下体验，在重庆开展了"世界上的另一个我"线下粉丝交流活动。该活动围绕爱情治愈的话题展开，活动外场布置男主角江小白消失了另一半的漫画拍照区，内场"穿越"回10年前的聚奎中学课堂，独具重庆特色。

2. 语言锚定

这里的语言，是指文字、声音和图片。语言锚定最能精准承载品牌要传递的用户信息，特别是在这个时代要注重品牌个性化表达。对于品牌来说，设计一套具有固定风格的语言体系，有利于对外传播。金句代表了品牌语言体系的高度，如果没有总结几句金句，都不能说自己的品牌是一个合格的表达者。

语言锚定的直接表现方式是品牌广告语，无论是小米品牌的"小米为发烧而生"，还是格力主打的"好空调，格力造"，抑或农夫山泉强调的"我们不生产水，我们只是大自然的搬运工"，都是极具表现力的经典广告语。

3. 价值锚定

价值锚定中的"价值"，不仅指品牌的商业价值，还包括品牌的社会价值。

商业价值是指品牌能为用户提供的产品和服务功能；而所谓社会价值是指品牌能为社会做出什么样的贡献，更多的是通过公益手段来实现。商业价值和社会价值可以相互成就，能够达成双赢结果。

蚂蚁森林就是支付宝打造双赢结果的绝佳策略。用户只要在支付宝上支付就能获得能量，积攒足够的能量之后就能在荒漠种树。通过这种方式，支付宝不仅提升了平台的活跃度，进行了有关保护环境、低碳生活的倡导，还给品牌增加了社会公益的价值内核。

4. 人格锚定

人格锚定时刻紧跟主流用户的意识形态，可以大大提升品牌的代入感,让用户深入了解品牌内涵,从而引发潜在用户的消费欲望。

品牌的人格,是指品牌的价值观和信念,通常会在企业的品牌广告语中体现。品牌通过请个性代言人或打造一系列营销事件,来为品牌注入人格魅力。

比如,New Balance 品牌在宣传的时候,曾聘请知名音乐人李宗盛做代言,通过广告为品牌注入匠心高品质的人格主张。李宗盛入行多年,素来以对音乐的专注和执着著称,这一点与 New Balance "百年制鞋修行只为追求极度舒适的穿鞋感受"的匠心精神完美契合。

5. 信用锚定

诚实是人的立足之本,信用是品牌的生存之道。品牌在宣传营销过程中,经常会通过"产品试用不满意无条件退款"来进行信用锚定。比如,美捷步(Zappos)用"买 1 双送 3 双试穿,365 天免费退换"的营销策略,加持了品牌信用,迅速提高了知名度,年销售额呈几何级数迅猛增长,只用了短短十年时间,就实现了从 0 到 10 亿美元的大突破。

1999 年,26 岁的华人小伙谢家华在美国成立了一家卖鞋子的网站。卖鞋子并不是什么稀奇事,但你知道这家公司的服务有多不可思议吗?用户买 1 双鞋,他们送 3 双鞋试穿,且 365 天免费退换货;为了让用户尽早收到货,仓库一天 24 小时、一周 7 天不间断运作;网站客服电话保持 24 小时有人接听,他们能为用户做很多事情,甚至帮用户点外卖、订酒店;用户想买的鞋子如果断货,客服至少会在 3 个其他平台上去找鞋,并推荐用户去购买,即使包括竞争对手。

结果,这样的成本和投入下,这家公司不仅没破产,业绩还一年比一年高：经过 1999 年、2000 年的沉寂，2001 年该公司收入增长 5 倍，达到了 860 万美元，此后以每年翻一番的速度增长，到 2007 年时该公司的销售额已经达到 8.4 亿美元。2012 年，亚马逊以 12 亿美元将其收购，一举刷新电子商务企业收购史上最高收购额纪录。

这家公司就是美捷步。

6. 传播力锚定

品牌可以通过社群进行传播，这里的社群可以是品牌与品牌之间的联盟，也可以是围绕用户进行品牌社群的建立。与用户互动能够加深他们对品牌的认知，提高用户黏性。

社会地位越高，影响力越大。该定律同样适用于品牌。因此，品牌必须利用社群化来持续增强自身传播力，以提高品牌在用户心目中的认知。集结企业品牌的不同账号，形成传播矩阵，就能极大提高品牌账号的曝光率，节省营销推广费用；围绕用户建立的品牌社群，则可以增加品牌与目标用户的接触机会，让用户深入了解品牌，提高品牌粉丝忠诚度。

随着消费需求的升级，人们对商品的要求，不再是仅满足于对产品功能性的需求，而是逐渐转换为精神需求及情感表达。因此，企业对品牌进行人格化塑造刻不容缓。企业通过人格化锚定的方式为品牌人设赋能，从而为品牌注入新的灵魂，让品牌不再冷冰，继而成为一个有温度、有思想的"人"。

秘密二：品牌 IP 人格化的三大标准

IP 营销是一种新型的营销方式，它可以通过裂变传播的方式极为迅速地扩展接收群体，实现破圈宣传。要想实现这种营销方式，就必须做好品牌 IP 的人格化工作。

在衡量 IP 人格化时，主要遵循以下三大标准：

1. 标志性的风格

所谓标志性的风格，主要指品牌 IP 符号外显后的独特价值和意义。

标志性的风格能够给用户带来一种潜意识上的认知，增强品牌的记忆度。例如，一提到王老吉，人们就会自然地联想到红色；一提到雪碧，人们就会自然地联想到绿色；一提到苹果手机，人们就会自然地联想到极简主义……这些都是品牌标志性风格的体现。

要想打造品牌标志性风格，就要通过对产品进行包装设计来创造品牌视觉识别。品牌视觉识别可以通过产品外观将品牌符号传递给用户，帮助他们认知和记忆品牌形象，并在用户心中产生区别于竞品的价值认同。

品牌视觉识别，主要由品牌标志、品牌标准色、版式及层次结构等基础设计元素构成。企业在进行品牌视觉识别设计时，必须使这些元素的个性、价值和品牌保持一致。

此外，品牌在视觉形象和触点应用的各个层面和媒介，也要与品牌个性、品牌价值观保持高度统一，以便加深用户对品牌的记忆和印象。

2. 标志性的标签

所谓标志性的标签，是指 IP 的价值主张。IP 的价值主张可以通过广告标语来展现，这是最能体现 IP 标志性标签的方式之一。迪士尼曾声称"迪士尼给人类提供最好的娱乐方式"，这句广告语直白地体现了迪士尼的娱乐属性，简短的语句大大增强了记忆力和传播力。

再如，小米公司的"让每个人都能享受科技的乐趣"、格力空调的"好空调，格力造"以及奥迪的"突破科技，启迪未来"等，这些广告标语不仅直白地传递了品牌属性，更展现了品牌的文化和内涵。

3. 标志性的"梗"

标志性的"梗"，可以是在网络上迅速传播的一句话、一个事件或是一个故事。

"挖掘机技术哪家强，中国山东找蓝翔。"这句标语本来是用于蓝翔技校的招生宣传，却在无意间走红网络，成为时下一个十分流行的"梗"。由于标语本身突出了蓝翔技校的专业特长，且带有蓝翔技校的品牌名称，所以相关的"梗"在疯狂传播的同时，也在给蓝翔技校大打隐形广告，大大提高了蓝翔技校的知名度。这样的"梗"在网络上广泛传播，被"吃瓜群众"津津乐道。

秘密三：品牌 IP 人格化的四种风格

品牌 IP 人格化是一个品牌不断升级的过程，企业必须围绕品牌的文化精神，为品牌 IP 设定能够让它呈现人格化的角色。因为故事都是附着在角色上的，所以只有人格化的角色才能够使故事产生极大的传播力。

一般来说，企业的品牌 IP 人格主要有以下四种主流风格。

1. 婴儿风

从生物学的角度来看，人们一般喜欢乖巧的婴儿，这种心态是由人类繁衍的天性而引发的一种本能喜爱。这种偏爱可以跨越时间和地域的障碍，不受种族和年龄的限制，无论哪种文化，都可以以婴儿为设计模板，创造属于自己的品牌符号。这就是"婴儿风"。

不管品牌产品多么冷冰、多么普通，只要将它们和乖巧可爱的婴儿联系起来，就会产生一定的亲和力。婴儿风设计的关键在于，品牌要将关注点放在婴儿化的设计和包装上。按照这种品牌 IP 化策略，完全可以将婴儿形象和产品形象相融合，以契合婴儿的风格重新为产品设计品牌符号，从品牌包装乃至标志，让人们一看到与品牌相关的产品，就能联想到人见人爱的可爱婴儿形象。

通过这种方式，品牌自然而然地将自己和可爱婴儿联系在一起，完成 IP 人格化过程。

2. 动物风

人类驯养动物，已有上千年历史。在古代，家养宠物不仅能为人类提供陪伴，更能帮助他们劳动。这种长期的共存使动物在人类的品牌文化中形成了有效的符号化记忆，也使许多动物的命名和性格特征深入人心。

动物是一种情感的代名词，许多动物，尤其是小猫小狗，具备天生的亲和力，容易形成一种喜欢的情感联结。使用一个类似的动物形象作为品牌IP，并对其进行宣传营销，这样很容易唤醒用户脑海中的群体记忆，有利于用户将这种群体记忆与品牌联结起来。

那么，如何进行动物风格的IP设计呢？

（1）增加人设。所谓增加人设，就是给品牌IP人格进行性格定位。因为品牌要想上升成为IP，就要拥有属于自己的故事，通过故事与用户共情。

（2）加入普遍受欢迎的文化基因。在进行动物风设计时，为了进一步打动用户，企业要选择人类共同喜欢的文化基因和精神追求。

（3）品牌命名与动物同步。视觉不仅容易与听觉同步，还会自动唤醒人们的情感记忆，让人们发自内心地产生一种亲和力。与动物同步的品牌命名有利于传播宣传，可以增强人们的记忆和品牌传播力。

3. 导师风

这是一种精神导师型的形象设计。这种类型的品牌IP人格可以引领用户追随其后，让用户建立对品牌的高度信任。

建立起导师风的品牌IP人格非常不容易，因为它要求品牌包装出的人格不仅要有极强的公信力，还要有真实能打动人心的故事做铺垫，对品牌 IP 故事的讲述要求非常高。

企业在设计导师风的品牌 IP 时，要从以下三点着手：

（1）首选品牌创始人。品牌是创始人一手打造出来的产物，所以品牌创始人最能体现品牌背后的精神和文化理念，是进行导师风设计的首选。

（2）有曲折的故事线。作为精神导师，品牌 IP 人格必须拥有丰富而传奇的人生经历，才能吸引更多用户群体。

（3）有完整的人生观、价值观和世界观。导师风设计要求品牌 IP 人格必须拥有完整的人生观、价值观和世界观，有利于提炼出让用户信服的人设元素，而这种人设元素正是品牌 IP 故事传播的符号性语言。

4. 虚拟人物风

所谓虚拟人物风，是指直接将品牌 IP 形象变成一个虚拟人物。这种虚拟人物和真实人物一样，可以与用户产生情感联结，通过外形和语言设计产生与真实人物类似的情感共鸣。

与真实人物相比，虚拟人物的干扰因素更少，他既不会犯错和出现道德问题，也不会疲倦衰老，不仅完全受品牌公司控制，风险性极低，还能在粉丝心中永远保持最初的完美形象，提高粉丝对它的忠诚度。

事实上，这四种品牌 IP 人格化的风格并非全然矛盾，有时也可以兼容并包、互相借鉴。例如，企业在进行虚拟人物风格设计时，可以借鉴婴儿风的一些特点，使虚拟人物变得更加可爱。此外，企业还可以将虚拟人物风与动物风相结合，进行综合设计。

秘密四：品牌 IP 人格化的五大方法

品牌人格化的方法，就是寻求品牌的精神号召，以此来表达品牌的个性，或通过品牌扮演的角色，来设计 IP，塑造品牌领袖。

1. 精神感召

精神感召天生具备极强的凝聚力、感染力，是每一个人的心灵归属。品牌人格化的方法之一，就是寻求一种极具凝聚力与感染力的精神感召，将其注入品牌，使品牌成为这种精神的代名词，对用户的精神层面造成影响，触碰用户的价值观，甚至改变用户的人生信念。

2. 个性表达

与品牌建立关系时，用户往往会将自我的个性投射到品牌上，希望看到更好的自己，而不只是看到品牌代表的产品。因此，品牌表达的个性与用户的个性或期望个性越吻合，越容易引起共鸣，品牌的人格魅力就越大。

因此，要想使品牌人格化，就要让品牌的个性表达与用户产生共鸣，并将共鸣赋予品牌。这种个性可以是张扬、是成熟，也可以是快乐、是幼稚，可以是创新，也可以是一种态度或一种精神。

强势品牌都有自己鲜明的个性特征，比如，海尔的"砸冰箱事件"凸显了品牌对于质量的坚守；锤子手机体现的是一种对工匠精神致敬的个性。

3. 角色扮演

人类是一种社群性动物，要塑造品牌人格，就必须使品牌成为社群中的一环，要使品牌真正融入用户的生活中。

品牌，在用户的生活中扮演什么样的角色呢？是老师，还是朋友？是亲人，还是偶像？不同的关系，代表着品牌能为用户提供的不同核心价值，决定着品牌应该用什么样的语气和态度与用户沟通交流。

4. IP 赋能

现在很多企业喜欢设计一个卡通形象，然后宣称这是一个 IP。然而，大部分所谓的 IP 只是停留在增强品牌辨识度上，并没有承载太多的品牌精神与企业理念，更别说实现品牌人格化了。其实，无论 IP 本身的形象是动物、植物，或者虚拟符号，只要赋予了它品牌内涵，并与人的价值观或者人格相联系，都可能达到品牌人格化的境界，因为人们内心深处认可的是人格与精神，而非其他。

5. 领袖代言

对多数品牌而言，品牌就是创始人的延伸。创始人的价值观决定了品牌的理念，创始人的性格决定了品牌的个性。因此，将品牌人格与创始人的人格绑定，也是品牌人格化的方法。

一个有魅力、有感召力的企业创始人或者领袖，就是最好的品牌人格。比如，因为乔布斯对创新与科技的追求，苹果公司塑造了创新与科技的品牌人格。此外，雷军、董明珠等一众企业家也在为自己的品牌代言。

第三章
品牌 IP 形象——打造最佳的品牌 IP 形象

要点一：成功品牌 IP 形象的三大要素

流量时代，品牌 IP 化已经成为各企业不得不追随的潮流。打造品牌 IP 的底层逻辑是营造私域流量池，并在此基础上开展更多营销活动。

消费和审美都在不断升级迭代的时代，人们的注意力变得越来越分散，品牌 IP 的塑造就显得尤为重要。正如巴菲特提出的护城河理论一样，好的品牌 IP 就是典型的复利效应，能让企业每做一件事情就是在为其品牌价值加分，形成一种优势累积。那么，如何塑造品牌的 IP 呢？

1. 文化内涵

文化内涵是一种价值观引领，是一种无形的力量，可以使品牌形成精神原动力。

谷歌的"探索文化"、华为的"奋斗者文化"、星巴克早期的"咖啡文化"为众人所知，正是因为这些企业有文化和价值观的支持，才能形成对内外部强大的感召力和凝聚力，并激发用户的认同。

企业通过赋予品牌深刻而丰富的文化内涵，建立鲜明的品牌定位，并充分利用各种强有效的内外部传播途径形成用户对品牌在精神上的高度认同，创造品牌信仰，最终形成强烈的品牌忠诚。只要拥有品牌忠诚，就能赢得用户忠诚和稳定的市场，增强企业的竞争力，为品牌战略的成功实施提供强有力的保障。

2. 内容创新

好的内容是构建品牌 IP 的核心载体。那么，究竟什么是好的内容？对企业而言，除了传统的广告和活动，对内容的洞察和创新要有料、有趣、有人情味，这样才能拉近与用户的距离。

茑屋书店的"为生活方式而提案"的造型设计和内容陈列，就将原有的"卖书"变成了展示一种新的生活方式，吸引了无数粉丝。

这些差异化的内容有一个共同点，就是将审美不断推向新的高度。

3. 场景化塑造

场景塑造也是构建品牌 IP 的重要步骤。简言之，场景是与用户建立心智关联的入口。只有在合适的地方，才能引发用户的品牌联想，让用户形成一种品牌的代入感。

2022 年 6 月 2 日晚，仰韶彩陶坊与河南卫视携手打造的"中国节日"系列节目《2022 端午奇妙游》正式上线，节目以一场武林争夺赛为主线，展现了粽子、菖蒲、艾草、洗药草浴等端午节风俗。该节目的各个单元以传统文化为基础，比如，《三岔口》是传统京剧短打武生剧目，剧目的核心是一场险象环生的摸黑搏斗。该节目提炼了传统戏曲《三岔口》摸黑打斗的核心情节，并运用现代技术，呈现出恢宏大气的美感。

火爆全网的河南卫视《2022 端午奇妙游》节目，之所以能引得无数人关注，就是因为他们在打造以唐文化和中原文化为主题的品牌 IP，并将传统的文学故事通过现代感的剧情设计和服装设计呈现，结合最新的技术手段来营造场景，最终形成了一个超级的品牌符号，让观众耳目一新。

毫无疑问，此次《2022 端午奇妙游》节目的传播，对于仰韶彩陶坊走出河南，打开全国市场、国际市场是一大助力。

要点二：成功品牌 IP 形象的四大特征

人格性是 IP 形象的灵魂所在，空洞的 IP 形象将被世人遗忘，终将无法形成超级 IP。

IP 形象必须能够在情感的维度上与公众产生共鸣，要符合公众最稳定且最深层次的共识。符合这一特征的 IP 形象，如同真实的人一般存在，性格特征鲜明，让公众觉得真实，甚至觉得好像就是身边的某个人，最终获得精神上的认同感。

1. 故事性

"无故事，不 IP"是对 IP 形象故事性的重要地位的最好阐述。如果没有故事的表达和演绎，那么再好的 IP 形象人格设定也无法迅速传达至公众。

故事是一种高明的沟通方式，情节的起承转合催动着公众情绪的共振。娓娓道来的故事让 IP 形象变得立体饱满，增强辨识度；同时，借助故事传达的 IP 形象更容易与公众在情感层面产生共鸣。

迪士尼是一个讲故事的高手。2016 年上映的动画片《疯狂动物城》，讲述的是在一个所有动物都能和平共处的动物城市，兔子朱迪通过自己的努力奋斗完成自己儿时的梦想，成为动物警察的故事。朱迪乐观外向，甚至有点急性子，为了追求梦想不断努力的形象不仅受到小朋友的喜欢，更在成年人的心中泛起涟漪，形成共振。

2. 成长性

成功的 IP 形象不是静态发展的，而是具有成长性，拥有持续的生命力。

IP 形象塑造的价值观、人格特性通过平台传递被认知，同时也凝聚了忠实用户的情感。但是随着时间的推移，忠实用户的情感和价值观也会发生变化，这时静态的 IP 形象终将被抛弃。所以，IP 形象在保留最核心的性格特征的基础上，要与时俱进，要不断地用时代个性使自己更加充实和丰满。适应时代的 IP 形象会被忠实用户一直需要，也可以吸纳更多认同用户进入这个群体。

以家喻户晓的 IP 形象"孙悟空"为例，被公众熟悉的孙悟空形象是通过《西游记》的故事情节传达出来的，但这时候孙悟空的 IP 形象已经走过了成长期。在不同的时代背景下，糅合了早期的壁画、文字记载、民间野史的形象特征，人们对孙悟空的形象进行艺术的再创造，同时固化了 IP 形象的基础价值观和核心性格特性。直至今天，孙悟空形象在时代的潮流中还在继续地迭代更新，以适应更广泛的用户群体。

3. 人性化

如果把品牌理念、核心价值视为品牌的大脑，那么 IP 形象则是品牌大脑的生活态度、审美情趣、情感诉求等精神象征的外在反映。它能够代表品牌与用户沟通，可以与人产生直接的情感交流，达到传达品牌价值观念的目的。

人性化的 IP 形象通过平易近人、亲切可爱的造型，能够迅速地被用户接受，并产生共鸣，打造自有人性化情感的品牌 IP 形象，缩短与用户之间的情感距离，有效降低沟通成本。

4. 内容性

IP 形象具备一定的生命周期，一旦过了热度期，其关注度便会下降。因此，内容是 IP 不可或缺的属性。IP 形象要跟用户交朋友，除了品牌本身的文化理念的输出，还需要用大量的符合品牌调性的内容去维持用户的喜爱和认同。

随着消费需求的升级，人们对商品功能层面的需求不再是第一位，而是从纯粹的功能消费转化为内心需要和精神体验，利用微信表情包、视频动画、连载漫画等形式，可以持续展现品牌 IP 形象。

要点三：如何打造一个好的品牌 IP 形象

IP 营销是文化、情感、内涵、价值等重要因素在品牌身上的体现。借助品牌与 IP 之间的融合渗透，实现国货与文化、潮流的结合，品牌的文化就能更加适应消费市场的需求，实现从产品到流量，再到内容的进一步融合，使越来越多的品牌不受行业限制，实现颠覆式的创新和持续的高质量内容引爆。

积极地进行互动和分享，就能极大地吸引粉丝，使回购率持续走高，实现 IP 价值的商业化变现。

为了更好地打造品牌 IP 形象，可以从以下四点做起：

1. 定位要独特

近年来，随着国潮品牌的异军突起，我国的品牌 IP 形象如雨后春笋般层出不穷，但这些国潮品牌的 IP 形象如果大同小异、如出一辙的话，就无法吸引用户的注意，很难实现 IP 价值和内容的变现，更无法获得可观的人气和经济收益。因此，企业在打造品牌 IP 形象的过程中，要注意其独特性。不仅要提高表达、内容的独特性，还要实现不同元素之间的互融互通。同时，为了获得更多的认同与支持，在社会范围内还要符合绝大多数用户的审美需求。

2. 营销需迅速

为了将好的产品和品牌推广出去，要及时宣传。即使是"前无古人，后无来者"的创新产品，如果没有得到广泛的宣传，那么难免会陷入"酒香也怕巷子深"的窘境。

如今的社会，更新换代速度太快，尤其是营销行业，一个好的品牌可能没过多久就不再受到用户的欢迎和重视，也可能受到市场中同质化产品的影响而直接被扼杀在摇篮中。因此，企业在获得好的想法、创意和产品的同时，要快速将品牌推广出去，既可以是线上、线下联动，依靠快闪、抖音、快手等平台宣传，也可以是线下发宣传单上门推销，只要能够让品牌 IP 迅速走进用户视野，为用户留下深刻印象，就是对 IP 产品进行最广泛的宣传。

3. 形象有共鸣

品牌的 IP 形象除了要符合用户的审美、情趣及个性需求，更要引起广泛的共鸣，以期让用户肯定产品。为了更好地创立更具代表性和价值性的形象风格，可以为品牌搭载具有故事性和戏剧性的冲突设计，以便用户在了解故事的同时，能够将故事中的情节、形象及一些外延内容更好地转移到用户对产品品牌的认同中，扩大品牌在社会范围内的影响。

比如，手游《王者荣耀》中的每一位英雄都有自己的故事和具有相互情感联系的人物关系网络，其中一些比较著名的英雄形象，用户还会根据自己对英雄的既往认识，投入更多的偏向性情感，由此增大用户对于英雄及不同故事性的皮肤购买的欲望。

4.周边要广泛

当一个品牌的 IP 形象建立完成并成功推向市场，在用户群体中得到广泛关注时，品牌就要趁机再次刺激粉丝量的增加。

为了更好地提升粉丝与产品之间的沟通性和联结性，企业要依靠品牌 IP 和相关形象做好周边产品。比如，设计与 IP 形象相关的书籍、玩具、文具、日用品等，在产品相关场所或活动现场进行售卖、赠送，以提高粉丝对 IP 形象的喜爱度，使粉丝与 IP 形象或产品之间的黏性更强、更久。

要点四：让用户一眼就爱上的品牌 IP 形象设计

近几年，一些 IP 形象得到广泛流行，尤其是"冰墩墩""雪容融"的出现更是掀起了一波 IP 热潮，人们对 IP 形象的关注日益增加，为了传播企业价值，许多企业和品牌纷纷打造其专属 IP 形象，使得 IP 形象设计越发发挥出其不可替代的作用。

优秀的品牌 IP 形象及延展设计蕴含品牌内核，可助力老字号品牌打入年轻消费群体，为企业发展持续赋能。同时，它可以令人产生共鸣，快速占领用户的记忆认知，实现现象级传播。对于 IP 形象的传播来说，"吉祥"的寓意是良好的催化剂。

在品牌年轻化营销创新中，菜百首饰把握目标消费群体的喜好动向，打造了可爱的二次元人物 IP "菜小白"与年轻人对话，在结合品牌内核与传统文化打造国潮风尚的同时，追求年轻时尚与新鲜感，使品牌更加立体、更加生动。

"菜小白"运用了白菜形象，白菜是一个雅俗共赏的传统文化符号，自古有"百财"的吉祥寓意。"菜小白"对传统文化的承载也与老字号品牌弘扬中国传统文化的使命相契合。

IP形象不仅是一个符号，更体现了品牌的特性与价值观。为赋予菜百品牌年轻化、富有朝气的一面，"菜小白"在命名上与品牌名称"菜百"相互呼应，其基础形象身穿连体裤，干练利落、时尚简约，可爱并具有现代感。

菜百首饰深度传播品牌内涵，将品牌文化打入年轻用户圈层。"菜小白"的基础形象选用黄金的橙黄色作为主色，色彩亮丽醒目，充满朝气。橙黄色一方面代表产品的颜色；另一方面，源于对阳光的印象，会让人感受到温暖幸福，代表活泼动感、充满能量，更能吸引年轻人。

菜百首饰对品牌IP形象广泛应用、新意频出，使其在众多老字号珠宝品牌中脱颖而出。在延展应用时，除基础造型外，"菜小白"的形态和服饰会随着场合的不同而不断变化，让用户惊喜连连。

在贺岁档期，"菜小白"穿上充满传统元素的国潮风格服饰，气场全开地为民族文化代言；在店内发放的新品宣传手册上，"菜小白"造型百变，且结合充满趣味的奇遇探险故事情节、场景设计，给用户带来了千变万化的视觉效果。

菜百首饰对"以使用社交媒体为常态"的年轻用户群体的生活方式，进行了深入布局，使IP形象进行多触点投放、反复出现，以强化用户对品牌的印象。

IP形象设计能快速在用户心中建立品牌形象。当IP形象能够被用户第一时间记住时，其自身就会展示出超越品牌的个性魅力，从而反哺品牌，为品牌吸引更多用户，从而带动营销玩法的升级。

IP形象具有代表性。不同于卡通形象，IP形象对外输出的是企业品牌的代言人，只要合理运营，就能快速建立企业的品牌识别和联想，有利于品牌的广泛传播。

IP形象具有针对性。企业的IP形象根据企业产品自身定位、特性、用户群体设计而成，用户群体第一眼就能辨识出来，并且快速吸引用户的视线和影响用户的心智。

IP形象具有可持续性。因为IP具有强生命力，所以有持续性生命周期的IP形象可做更多延伸内容，衍生更多内容。好的IP形象可以为品牌带来超强衍生品，给企业带来源源不断的流量与销量。

为什么品牌需要IP形象？因为品牌自身具备的商业性质和品牌背后的文化支撑，这些都带有浓烈的营销和商业元素，所以给大家的感觉就是买东西服务或等价交易，其中没有情感和黏性联结，即使企业通过多年来沉淀宣扬自己的品牌，最好的结果就是获得用户使用品牌时的自身身份价值的实现和认可，比如劳斯莱斯汽车、劳力士手表、古驰包包等。

企业IP形象具有故事性，更容易打动用户，与用户产生共鸣。好的IP可以让用户的购买从最初的只关心价格改为寻找精神寄托，强化其对品牌的忠诚度。如果IP形象塑造得足够成功，就能吸引用户眼球和注意力，形成二次或者多次传播。

优质的IP形象具有如下特点：

1. 创意故事

一个独特的 IP 形象，往往都有一个独特而易记忆的故事，这个故事和我们的日常生活并没有什么不同，比较容易引起共鸣。

2. 诙谐有趣

角色被设计为表情贴纸，就能传达各种情感，充满诙谐的 IP 角色正变得越来越流行，比简单的可爱角色更受欢迎。

3. 形状简约

简单和可爱的 IP 角色往往都有很高的人气。一个外形可爱漂亮的角色，其基本形状可被运用到各种产品中。

4. 高质量的 3D 形状和纹理

随着 3D 技术的不断发展，具有生动纹理的 3D 角色深受各种人群的喜爱。

第四章
品牌 IP 运营——通过运营，让品牌 IP 动起来

技巧一：三个关键点，即品牌定位、产品运营和文化塑造

品牌 IP 运营共有三个关键点，分别是品牌定位、产品运营和文化塑造。

1.品牌定位

打造品牌的第一步是"定位"，也就是让你的品牌在用户的心智中占据最有利的位置，并获得他们的优先选择。品牌 IP 运营中，要用"定位"理论找到自己的优势和位置，为打造品牌确定目标。

定位要从一个产品开始，该产品可能是一种商品、一项服务、一个机构甚至一个人，例如你自己。定位不是你对产品做的事，而是你对预期用户做的事。换句话说，要在预期用户的头脑里给产品定位，确保产品在预期用户头脑里占据一个真正有价值的地位，让品牌对用户产生影响力。

定位决定你的价值变现能力，让别人说起什么时，能够在第一时间想

到你。就像留在他人脑海里的一张名片一样。那么，如何才能做到这一点呢？可以看一下定位价值变现说明，如表4-1所示。

表4-1　定位价值变现说明

方法	说明
个人品牌定位的原则	①具备以终为始的思维，明确建立个人品牌的目标，目标为核心事业发展服务； ②找到自己擅长的领域，发挥自己的天赋，根据现有资源形成自己独特的优势； ③定位要以用户为中心
个人品牌定位的策略	①先行者定位策略，即你要成为第一个做某件事的人； ②专家定位策略，努力让你成为某个领域的专家； ③认同者定位策略，表达你以什么特点而闻名； ④理想斗士定位策略，明确表达你的理想是什么

2.产品运营

所谓产品运营，就是以产品为基础，以获取用户关注为目的，经过一系列的建设，不断完善该产品，让用户更加喜欢它，让用户对它更加有黏性，让它对用户更加有价值，让产品与用户从无联结到弱联结，再由弱联结到强联结。

（1）工作内容建设。要想运营好产品，首先就要确定运营目标，工作内容包括产品分析、内容建设和数据分析。

①产品分析。产品分析主要分为用户群体研究和市场及趋势分析，要知道自己的用户是谁，市场行情如何，竞争力如何，未来发展趋势如何，以及如何让产品更符合用户需求。

②内容建设。要不断地为用户提供有价值的内容，比如，如果你的App内容原来只有搜索引擎优化相关的知识经验，为了吸引更多用户，也为了稳固现有用户，可以增加与搜索引擎营销和信息流相关的知识和经

验等。

③数据分析。每个岗位都需要进行数据分析，因为只有数据才能准确说明产品的优点和不足，才能知道下一步该如何运营产品。

（2）产品运营思路。要想做好产品运营，需要从以下三个方面入手。

①熟悉自身和同类产品，及时掌握市场行情和趋势。熟悉自身产品和竞品是优化产品的最直接方法之一，只有掌握市场和趋势，才能更好地指导产品未来的发展方向和制定相应的应对策略。

②了解潜在用户需求，挖掘现有用户需求。不论做什么，都离不开对非用户和正式用户的需求的了解和挖掘。只有了解用户需要什么，然后迎合用户，有了一定的用户基础，才能更好地引导用户。

③制订可落地执行的运营活动计划和目标，做好数据分析。要根据运营目标，让数据分析应用在产品运营前、运营中、运营后，以及产品的全生命周期中。不管产品是不是刚被生产出来，都要经过这三个运营阶段和相应的生命周期，要在每个阶段和周期，分析总结数据，让数据指导我们下一步如何走。因为，只有以数据为指导前提，才能制订出更加精准和可执行落地的运营计划和目标。

3. 文化塑造

说到品牌文化塑造，就要提到喜茶。喜茶依靠自身的品牌文化和品牌内涵，成为当代年轻人的灵感之茶。喜茶每每推出新的产品，总会引发大量关注，喜茶的产品，甚至连带有喜茶标志的购物袋，都成为"晒图主角"，不断出现在大众朋友圈中。

喜茶是如何塑造自身的品牌文化的？

2020年，喜茶联合拥有三百多年历史的中华老字号品牌荣宝斋，与国际知名荷兰籍华裔艺术家Digiway，对五代南唐画家顾闳中唯一传世之作《韩熙载夜宴图》进行了"当代化"再创作。画作一经发布，就引发了众多网友的围观，也吸引了古风、潮流、艺术爱好者对其进行"破壁"交流。

（1）对视觉文化元素的挖掘和再创。

①依靠经典视觉文化元素，构建认知基础。《韩熙载夜宴图》是我国古代工笔重彩人物画中的经典之作，描绘了五代南唐大臣韩熙载邀请众友宴饮奏乐的场景。作为拥有三百余年历史的以经营文房四宝为主的老字号店铺，本次灵感来源《韩熙载夜宴图》正是荣宝斋的经典木版水印代表作。喜茶与荣宝斋合作，以荣宝斋国家级非遗"木版水印"版国宝名画《韩熙载夜宴图》为底版进行再创作，依靠经典视觉文化元素，引爆了熟悉效应，为跨界合作迅速进入大众认知打下了坚实的基础。

②依靠传统场景元素，再创品牌专属场景。传统文化及其场景，会带给我们一种对于文化的熟悉感和具象感，以及可预测性和连续性，使我们产生共鸣。喜茶洞察到年轻人对于中国文化传承的需求，并通过对传统文化元素的挖掘与再创造，使自己的品牌融入了中国茶文化的场景中。此次与喜茶合作的艺术家Digiway是一名潮流圈的著名华裔画家，他以《韩熙载夜宴图》第一部分"听乐"为场景原型，进行了"当代化"解构，描绘出派对主人韩熙载邀请凡·高、爱因斯坦、贝多芬、卓别林、梦露等中外名人相聚于家中、畅饮喜茶、共赏潮流音乐的全新场景。不仅引发了熟悉效应，也体现了对于中国茶文化的传承。

（2）解构传统，文化再创。品牌不仅需要向传统寻求养分，更需要立足现在、面向未来的活化与再创造，使传统更适合当代大众，为大众带来全新的体验与感受。在此次"灵感饮茶派对"案例中，喜茶就对《韩熙载夜宴图》进行了"再创造"，打造出令人心动的产品和体验。

①文化元素"再创造"，打造心动产品。喜茶不仅勾勒出"新茶饮夜宴派对"画面，让五代南唐官员韩熙载邀请众时代好友，一同品茶奏乐、交流灵感；还以之为蓝本，再创了一系列艺术家限定主题周边产品，比如，当大家穿着带有喜茶元素的T恤、戴着印有喜茶元素的方巾走在大街上，人们就看见、了解到喜茶的内涵与趣味。

②美学元素"再创造"，构建心动体验。一直以来，喜茶都非常擅长体验的打造。此前，喜茶就曾与密扇·百戏局合作，从复古的品牌气质中提炼出"江湖"的主题元素，开出"百喜茶楼"；也曾与世兴画局合作推出《灵感雕刻日历》。

喜茶还在潮流展现场景设置了转盘游戏与参观者进行亲密互动。整个活动解锁了灵感空间体验，还发售了限定礼盒、展开互动游戏，打造独特体验感。同时，喜茶还通过创造文化场景体验，吸引了更多用户。

技巧二：三策叠加，即"内容＋体验＋转化"

品牌IP的运营，需要在产品内容、体验和转化上下功夫。

1.产品内容

产品内容，是指一个品牌或零售商为描述其产品所提供的图像，包括视频、产品信息图、产品实拍图、文本和其他信息，包含了所有能够帮助用户理解他们正在查看的物品的信息和产品价值。

产品内容是品牌方向用户展示产品的时机：为什么你的产品适合他们，他为什么要选择你的品牌，你是否真实可靠以及什么让你与众不同。尤其在电子商务时代，当用户访问京东、拼多多等平台时，他们只能通过产品内容来判断你的产品价值。

现实中，很多产品之所以在同行竞争中表现不佳，不在于产品本身，而在于你讲述故事的方式，即如何传达产品的优点，并让产品与观众产生共鸣。

为什么产品内容很重要？因为好的产品内容可以带来更高的参与度、更真实的用户期望，以及更多的信任感。最终，它会在社交媒体上引起更多关注，带来更多销售。

好的产品内容具有以下特点：

（1）回答正确的问题。产品内容要以简洁完整的方式回答基本问题。它需要进行全盘设计，匹配人们需要知道的信息，以及明确哪些信息可以忽略或留给其他空间。需要站在用户角度思考：在购买这个产品前，我需要了解哪些信息？也就是需要具备用户思维，如表4-2所示。

表4-2 用户思维说明

信息	说明
What	明确说明你的产品是什么、做什么、有什么，特别是同类产品没有的。最终，这些将定义你的产品内容。因为有些产品虽然在场景图片方面做得很好，但另一些同类产品却能够从视频和3D动画中获得更多优势。也就是说，要专注于它所能解决的问题，并将其置于一个明确的信息中

续表

信息	说明
Who	买家都属于特定的环境和社会阶层，有自己的思维模式和解决问题的方法，也会使用不同的平台。好的内容只对特定的人群有用，而这个群体正是你需要面向的对象。越了解你的用户及其需求，越能得到更好的市场反馈
How	解释一个产品是如何帮助用户解决问题的。要想打动用户，就要把这些问题结合起来，了解用户，用他们的语言与他们交流。牢记你的用户需要的东西，即使他们可能还不知道

（2）换位思考。在成为卖家前，要先变成理想用户，想办法去激发购买欲，了解在何时、何地、何种状况下一个产品会被需要。要提高问题意识，制订正确的包括时间和空间的解决方案。

（3）品质和响应能力。关心产品内容的重点是要确保获得高质量的图像。因为你永远都不可能知道自己的产品会在什么设备上展示出来，但不管如何，都要突出它的卖点。

（4）让所有部门都参与进来。每个部门和员工对市场和用户的了解各不相同，所以他们能提供不同的观点，并帮助在品牌框架内创建一致的产品内容展示，因此要让所有部门都参与进来。

2. 产品体验

市场竞争是残酷的，也是无情的，但优胜劣汰是基本的生存法则，只有注重用户体验的设计，产品的生命周期才能更长久。

任何产品和商业都有其生命周期，只要通过持续的设计优化与功能蜕变，就能拉长成长周期。简言之，产品要让用户越用越"香"，越用越离不开。

如今，手机设计已经逐渐走向一体化、无孔化，而厂商一贯重视手机内部空间利用率，在续航体验优先级更高的情况下，手机的按键和接口也会相应地减少。即使如今智能手机的触控交互如此方便，用户依然希望手机能保留实体按键，原因何在呢？因为用户的习惯是潜移默化形成的。

在智能手机功能越来越多、日益复杂的今天，实体按键的简单反而成了优势。人类的需求不断被挖掘，产品种类日益更新，这就是产品设计的立根之本。其实，我们一直强调的产品差异化，也是站在用户的角度去做创新，让产品获得更多关注，这跟注重用户体验，针对用户习惯去做产品设计，是一样的道理，目的都是让产品获得更好的消费流量。

好的产品体验，需要满足三个层次的需求。

第一层次，解决问题。这是最低层次，是产品存在的意义。用户一般不关心产品本身的工作原理，而是关注产品如何与他们发生联系并发挥作用。

例如，日常生活中，我们使用的硬件产品，比如电饭煲，大多数人都不会花心思去想它煮饭的工作原理是什么，而是关注它是否操作简单、耐用、煮饭味道好、省电等。没有电饭煲时，煮米饭要经历洗米→淘米→煮米→米饭4个步骤才能完成，并需要人全程参与。有了自动电饭煲后，煮米饭的步骤变成：洗米→煮米→米饭，由4步直接变成了1步操作（因为煮米是自动的），煮米过程无须人全程关注，到了预设的时间，电饭煲会自动提醒。电饭煲用简单的操作，简化了煮饭过程的繁杂步骤。

总之，产品用简单的方式，帮助用户解决复杂的问题，极大地提高了效率，这就是让产品具备好体验的基础。

第二层次，以用户为中心的设计。以用户为中心，就是围绕用户来设计产品，一切设计遵循用户至上的原则。处在这个层次，我们要考虑的是，做什么能满足用户的需求。可以从多个角度来理解这个层次。比如，电商平台的商品推荐，用户浏览某个品类或者商品后，系统就会根据用户的浏览记录，做相似商品推荐。很多用户都受益于推荐功能，因为有时系统推荐的商品，比自己搜索的更符合用户的需要。试想，如果没有相似商品推荐，用户还能继续网购吗？当然可以！只不过能否买到心仪的商品，就全靠用户自己的搜索能力了。

第三层次，创造惊喜时刻。在满足前两个层次的基础上，产品还需要有情感属性，要时不时地为用户制造一些小惊喜。

在某通信工具 App 最新版本上线了自定义来电铃声的功能后，某用户第一时间更新了 App，并体验了此功能。体验后，他选择继续使用系统默认提示音，最主要的原因是：他发现里面有很多歌曲是他不喜欢的风格。他觉得，自己没必要花时间找一个喜欢的声音做铃声。最后用户没有更换铃声，但感觉此功能真的很不错。

用户为什么会做这样的选择呢？这就需要挖掘一下铃声所代表的深层内涵。铃声除了有提醒作用，还承载了人的个性和心情，也就是说，它具有情感属性。自定义铃声这个功能，用情感属性去润色提醒作用，满足了不同用户的需求，帮助用户展示自我个性和心情，让每一次人与人的联结都变得有情感、有温度。这种触动心灵的设计，把产品体验又提升了一个层次。

3.产品转化

如果要做产品转化，就要具备以下三项基本功。

（1）让用户非常想要、心痒难耐，激发用户欲望。

①恐惧。恐惧的核心逻辑是，没有这个产品，自己的生活就会变得很糟糕。某同学推荐一款去黑头膏，带货达人的推广文案是这样写的，"经常熬夜、化妆，毛孔就像是堵了的车道一样，藏了好多脏东西，如果这些污垢长期未被清理，就会形成黑头、粉刺、痘痘，甚至会使皮肤发炎，使毛孔粗大甚至形成恶性循环。更可怕的是，皮肤的角质层会慢慢变厚，护肤品难以被吸收，皮肤暗淡无光"。这段文字写得生动形象，尤其有黑头困扰的伙伴，更会感觉字字戳心，说出了自己心里的害怕和担忧。

②美好。美好的核心逻辑是有了这个产品，生活会多么美好，这个方法适用于非生活必需品，如果没有这个产品，生活也不会多糟糕，但有了它后，生活会更美好。像美妆、美食、旅游、服饰、摄影、烘焙等行业都适合运用这个方法。那怎么体现产品的美好呢？直接说产品多么优质、多么实惠，根本就打动不了用户，具体步骤如表4-3所示。

表4-3　产品介绍步骤说明

步骤	说明
第一步 把美好归类	美好的种类有很多，最常见的有：颜值、亲情、友情、爱情、独立、美食。事先把美好归类，可以避免在写产品介绍的时候跑偏。比如，写一款美容仪，主要作用是颜值方面的，就不要再写爱情、事业方面的优点
第二步 体现美好的 场景	可以在笔记中把美好场景描述出来，体现第一步找到的美好的类型。当然，也可以通过图片或者视频展示出美好的场景。比如，做烘焙培训的，可以找气质佳、形象好的人在烘焙的场景进行推广，比文字更能体现出烘焙会让生活更精致、更有乐趣
第三步 描述美好的 感觉	细致地描述产品，会带来美好的感觉，让用户更加心动。不过，写法上也要注意，例如推荐香水，普通人会说很好闻，很舒服，但带货达人会说"闻了，就能心静"。描述感觉的时候，要使用那种让人向往的词语，比如心境，而不是使用很抽象很空洞的词汇

③场景。场景的核心逻辑是通过多个场景的构建，使产品成为用户生活中经常用的好东西。例如，某款美容仪使用场景，洗脸、卸妆、脸部按摩、敷面膜的时候都可以用；某款珍珠粉可以和不同护肤产品搭配，达到护肤的效果。

④对比。对比的逻辑是通过与其他产品对比来凸显自己产品的优势。具体做法是：第一步，找一些同品类的产品；第二步，描述其他产品的不足；第三步，描述我们产品的优势。除了和同行对比，也可以利用使用前后的对比来凸显效果。例如，提供的服务是教大家修图，就可以把原图和效果图放在一起作比较。

⑤感官。感官的核心逻辑是，假设用户正在使用你的产品，描述他的眼睛、鼻子、耳朵、舌头和身体接收到的各种信息，就是所谓的视觉、嗅觉、听觉、味觉和触觉。眼睛能看到什么？鼻子能闻到什么？耳朵能听到什么？舌头能尝到什么？身体触摸的感觉如何？此外，还有感官，仅进行文案的描述还远远不够，最好配上相应的图片，才能提高感官的刺激。

（2）获取用户信任。写文案的时候要时刻提醒自己，要把作用证明给用户看。下面，笔者介绍三个技巧。

①用事实证明。最常用的方法是用图片证明，证明你的文案说的都是真的。例如，某款吸黑头仪效果很好，可以直接将吸出黑头的效果图展示出来。

②权威背书。即使你专业度不够，权威性不够，也可以找权威背书。例如，有博主分享眼部按摩方法，标题是"中医奶奶教我的眼部按摩方

法"。记住,专业度强的权威人物是各平台深受关注的证明人物。

③化解顾虑。推广产品的时候,即使把产品夸得天花乱坠,也会让用户担心产品的质量、实用性问题。这时候,卖方人员可以针对产品的常见问题进行解答,介绍一下使用产品的注意事项,让用户觉得已经了解了产品问题,从而下单。

(3)引导立即行动。用户看完产品文案后,卖方人员要让其有所行动,比如点赞、关注、评论、收藏,甚至下单。

①为了送礼物给他人。看到一款产品很好,能够给生活带来很大的改变,你却觉得价格有点高,于是就关掉页面离开了。用户会严格控制自己的预算,即使卖方人员介绍得再好,他也不会买。这个时候,就要使用一些方法,让用户忽视价格,顺利下单。具体方法是,为了送礼物购买,送礼物给亲人、朋友,增进感情。

②为了提升自我。例如,买了该产品,可以提升你的能力,拓展你的视野,促进事业发展。

③为了孩子购买。买了该产品,有助于孩子健康地成长。

④为了健康购买。产品能强身健体,有效减少疾病给身体造成的痛苦。

技巧三:品牌 IP 化运营陷阱与规避措施

在商业交易过程中,影响结果的最大阻碍是交易成本。那么,什么是阻碍交易成本？就是你的品牌是否被用户认识，你卖的东西用户认不认识。用户需要用多高的效率去认知你的品牌，这些因素直接决定了整个交易过程能否顺利，也决定了商业效率。

品牌的产生是竞争的结果，是为了区分"我有何不同"的竞争策略，也是用户的记忆和决策符号。影响用户决策的因素是复杂的，品牌既想用一个形象给企业代言，又要用这个形象营销、卖货，这是很难兼顾的。

要想实现品效合一，就要进行品牌IP化运营。因为品牌IP可以构建一个三维空间或多维空间，在这些空间会发生各种各样的故事，通过故事模拟现实，让人们获得沉浸式和系统体验。而且，品牌IP创造的不只是一个形象，还是一个情境化的世界，在这里有不同的角色、不同的场景、分工明确的功能，可以解决用户的根本问题。对企业而言，进行品牌IP化运营可以多方位触达用户，提高商业效率。

1. 开发IP时最容易落入的陷阱

（1）只把IP当成吉祥物。有些企业的IP只是形象，只是吉祥物，而不是角色。前两者是没有灵魂的贴纸，只有角色才是有生命、有灵魂的。内容营销要想做好内容，首先就要打造有生命力的角色。

（2）用IP传递价值观。企业最常犯的错误，是直接将品牌进行理性定位和明确企业价值观要求，以此作为IP和内容营销的指引。这样做的结果往往是：创造不出打动人心的IP，做不出感动人的内容，无法实现内容营销的自传播。

（3）把价值观当成世界观。把价值观当成IP的世界观，创造不出情境。其实，世界观是创造情境世界的设定能力，绝不只是价值观。而IP

非常需要情境，有情境才有 IP 的成功。

（4）给 IP 加上广告语。IP 内容和广告内容最显著的差异是，IP 不必有广告语，广告需要有广告语。IP 主要依靠角色、情境、内容等来呈现产品和品牌，跟人们产生直接的情感共振。

（5）只把 IP 放在外面。做 IP 就像孵蛋一样，只有从内到外地孵化才是生命。什么是从内到外？就是紧密结合产品、渠道和服务。什么是只放在外面？就是只在企业外部的平台宣传，企业内部毫无动静，红不起来则全然无用，红起来也没多大用。

2. 品牌 IP 化打造过程中容易遇到的误区

（1）品牌授权＝品牌 IP 化。事实上，即使品牌得到了超级 IP 的授权，这个超级 IP 也不过是企业的短期带货工具罢了。如果流量不能转化到自身的品牌或企业上，即使联名商品宣传得再广、卖得再好，也只能提高 IP 的知名度，无法建立属于企业自己的品牌 IP。

以小猪佩奇为例。2017 年，这只粉色小猪风靡全国，一度成为热度和身价最高的动画 IP，跟费雪、PEZ 航空、家乐福等全球多家顶级品牌达成合作，衍生出的联名产品种类繁多，从零售、时尚、电影、航空、主题公园到教育中心，涉及多个生活领域。

作为爆火 IP，小猪佩奇的联名产品自然能给不少品牌带来利益，然而，除了一些基础较为雄厚的品牌能通过这种联名合作增强品牌的娱乐性、互动性和传播性，使话题的最终转化和流量落在企业品牌上，更多基础不扎实企业花费的高额授权费和宣传费都在为"他人"作嫁衣，最后只增加了小猪佩奇这个 IP 的话题性。虽然在短期内可以多卖货、增加经销商和产品的网点数量，但是一旦 IP 的风口过去，没能获得反哺和提升的品牌便只能尴尬地回到起点。

（2）影视植入＝品牌 IP 化。影视植入可以凭借爆剧的庞大粉丝基础和高流量、高话题给品牌引流，还能通过开发衍生联名产品等方式提升品牌的娱乐性、话题性和年轻化，实现销售转化。但是，再火爆的影视剧也只能引发用户关注，成为流量创造的起点，并不意味着流量创造已经完成，更不能说明品牌已经完成 IP 化。

企业想要在市场上站稳脚跟，还要持续开发和壮大已经形成的用户群体，不断地在影视剧中寻找发酵点，再通过 KOL 传播发酵点吸引流量，不断进行市场转化。

品牌 IP 的原点和关键点都在于内容。所以，在内容产业日益发展的现代，内容的持续创造力才是构成品牌 IP 人格化的核心。要想保持品牌的影响力，企业必须不断创新，否则，只能在引发一阵风潮后逐渐被用户忘记。

3. 品牌 IP 的运营

企业需要成长，IP 也需要成长，而 IP 成长的方式与企业一样，都是"运营"。

（1）IP 的成长运营中，内容是灵魂。在 IP 领域，我们可以看到，全世界商业化最成功的 IP，无论是哈利·波特、宝可梦还是漫威宇宙，最核心的价值都是由"内容"构建到价值观的输出。对企业而言，同样如此。企业 IP 最核心的能力，并不是能够为企业带来多少订单的销售力，而是影响力有多大，即通过企业 IP 的影响，有多少用户认同企业的品牌，和企业建立了更加深厚的联结，愿意参与企业的发展。这是企业 IP 应当实现的目标，也是"内容驱动 IP 成长"的原因。

（2）为 IP 设计角色。真正将 IP 视为品牌的"化身"，就会十分爱惜 IP 的"羽毛"，不会让它一边开着"董事会"，一边去店铺堂口搞"促销"。此时，IP 究竟是谁、在企业扮演什么角色、如何服务于品牌用户，都与其扮演的"角色"息息相关。那么，如何为 IP 制定角色呢？答案就是，要创造和用户成为朋友的机会。一方面，充分覆盖处于不同需求阶段用户的共同需求；另一方面，巩固人设，让角色更加饱满、更加生动地出现在用户面前。

（3）打造阶段性规划。在运营中，慢就是快，这一直是亘古不变的真理。因此，IP 运营区分阶段就更有必要。

IP 运营可以分为 IP 初始期、内容化期和 IP 商业化期三大时期，企业可以在每个时期为 IP 搭配合理的运营方式方法，如表 4-4 所示。

表 4-4 IP 运营三大时期

时期	说明
IP 初始期	需要打造一个完整且有生命力的 IP，完成世界观、故事和形象设计，在符合品牌内核的条件下，IP 带有潜在的"破圈基因"
内容化期	在企业内部，要让 IP 与品牌、产品和服务相融合，为未来的商业化运营构建基础。在企业外部，要让 IP 与用户不断互动；在打造 IP 独立内容时，要实现破圈，以便推广到更大的用户接触面
IP 商业化期	IP 可以赋能企业变现、独立变现等，将内容化时期打造的影响力进行变现。当然，这一时期不是将 IP 作为"销售人员"，而是通过周边、联名等方式进行变现

未来，没有内容、不会制造内容的企业，将会失去一大竞争力。而无法像人一样与人社交、去创造更加人本的信息进行传播，也将让企业失去

一定的竞争优势。站在时间的节点中，IP 如同一把钥匙，开启的是品牌面对未来之门，它不仅是一个"生命体"，也代表企业对未来探索的新通路。

技巧四：品牌超级 IP 形象设计注意事项

很多 IP 角色都通过合作其他行业的方式来扩展业务，比如，时尚品牌、人气艺术家或具有最先进技术的产品，这些合作往往能丰满角色的品牌形象。从公司或品牌的角度来看，通过角色可以传达友好而积极的形象。

这里先看几个值得注意的角色合作案例。

冰墩墩。胖胖的熊猫戴着寓示超能量的冰晶头盔，形象酷似航天员，既呆萌可爱，又敦厚亲切。该形象融合了传统文化和科技元素，契合互联网年轻圈层的审美心理。诞生自广州美术学院的"冰墩墩"，褪去了城市的标签，内化为一种连通世界的语言。

三只松鼠。三只松鼠联合功夫动漫推出的超级 IP 大型 3D 动画片，并通过漫公关进行 IP 塑造，成功地将品牌标志塑造成人气爆棚的 IP 形象。

熊本熊。熊本熊最初的设计目的是以吉祥物的身份，为熊本县带来更多观光及其他附加收入。但熊本熊依靠自身呆萌的形象、独特的 IP 授权运营方式，在全世界受到了超乎想象的欢迎，成为在世界上拥有极高人气的吉祥物，促成了其产品 IP 化。

如今，随着市场环境的变化，品牌的传播方式越来越丰富和多元，企业可以通过多种渠道触达用户，与用户产生联系。环境的变化会影响人们的消费行为，也使品牌间的竞争越来越激烈。因此，品牌若没有过人之处，在聚集性的营销活动中就要做好被同类品牌"碾压"的准备，无法被用户记住，更别说产生信赖。

在这样的背景下，企业的品牌战略必然要进行升级、寻求改变。设计IP形象时应注意以下两方面。

1. 令人喜爱的IP形象为品牌赋能

近年来，众多知名企业开始以打造IP形象的方式推动品牌建设，由此使品牌IP化的趋势逐渐显现。IP形象需要根据品牌定位或产品特性设计而成，通常是人格化的卡通形象。一个令人喜爱的IP形象，无论是动物，还是其他物种，都能够作为品牌的化身，并通过自身的独特魅力为品牌赋能。

（1）凸显品牌差异化。在新的商业时代，企业通过品牌IP化的方式寻求改变，主要是因为塑造IP形象是企业打造IP最快速、高效的方式。同时，IP形象为品牌注入新的血液，可以最大限度凸显品牌的差异化，使其在众多同类品牌中脱颖而出，给用户留下深刻印象。也就是说，IP形象是联结品牌与用户的纽带，可以起到锦上添花的作用。

（2）增强品牌的亲和力和用户黏性。现代社会中，多数人对繁杂的产品功能、专业的理论和高深的概念并不热衷，所以品牌在对外营销时，如果过于专注这些内容，就会使用户产生高高在上、难以接近的感觉。企业若想改善这一状况，可以采用两种方式：一是将这些内容换一种更"接地气"的方式呈现；二是选择用户喜闻乐见的介质来承载这些内容。

（3）超强延展性，拓宽传播渠道。拥有卡通外表的IP形象具有超强的延展性，可以在线上传播中发挥优势，打破固有的呈现方式，给用户带来千变万化的视觉效果。在线下传播中，通过各种实体周边与用户形成紧密联系，就能为品牌创造多重收益和价值。另外，IP形象"无处不在"的外形特征使用户对品牌拥有统一认知，长此以往，即可形成良性循环，能够加深用户对品牌的好感和印象。

（4）降低成本，玩转跨界营销。为了提高知名度和积累更多用户，很多品牌会花高价请明星代言，相较之下，打造一个卡通IP形象作为自己的品牌代言人，可能是一个更长远的办法。同时，品牌可让IP形象参与各类营销活动，以多种方式出现在用户面前，玩转不同品牌间的跨界营销。

2. 设计合格的企业IP形象

打造IP形象是企业品牌战略的一部分，企业如何设计一个合格的企业IP形象呢？

（1）原型选定。企业在设计IP时，要先与用户沟通，以便选定一个主体形象。人物、动物、植物或物体是常见的主体形象，要将其拟人化、个性化，以满足设计需要。

（2）五官设计。五官的设计表现了IP的性格及情绪，设计好五官后，要赋予IP一个特定的表情。比如，眼睛是最容易被注意的部位，会给用户留下深刻的印象，眼神的类型有清澈、阴暗、无辜等。

（3）设计定位。企业在设计IP形象前期要做大量的调查，要了解清楚行业性质、产品和用户需要向用户传递的信息，提炼出设计的关键词，确定主题，为设计可视化形象做准备。

（4）表情衍生。通过对五官、姿势等变化来衍生出很多表情，产生不同的情绪，赋予 IP 丰富多彩的性格特征，使 IP 性格特点更加饱满。

（5）服装设计。服装的设计也要与 IP 的寓意、特点相呼应，这是 IP 形象设计中不容忽视的一部分。多样的服饰设计可以给 IP 形象增添趣味性，提升亲和力。设计好 IP 的整体形象后，要增加丰富且别具特色的细节，使形象更加符合 IP 的寓意特征、核心理念和设计主题，如增加蝴蝶结、领带、项链、腮红等细节。

（6）动作设计。IP 的动作设计包含头部、躯干、四肢等部位的动作，可以传达 IP 的性格，比如善良、活泼、可爱等。企业在设计动作时，也可以进行不同程度的夸张变形，比如，放大眼睛比例，以获得可爱的效果。

（7）色彩搭配。色彩往往给人很深刻的视觉印象，妥当的色彩搭配可以拉近角色与用户的距离，使 IP 更加富有活力，IP 色彩搭配最常见的是简洁、明亮的风格。

（8）衍生品设计。IP 的宣传价值和商业价值是企业要达到的两个主要目的，衍生品的设计可以带来商业价值，使 IP 保持活力。

IP 形象是企业的"代言人"，可以帮助品牌在产品、市场业务链中，提升情感化体验，其自身有独特的商业价值、情感归属和应用场景，因此企业应该重视 IP 形象的设计和布局，有利于在用户体验和文化输出方面给予用户温度和关怀。

第五章
品牌IP营销——提高推广力度，增大影响力

方法一：制造一个引爆点，把用户卷入其中

一个IP项目要想成为热点IP、顶级IP，在市场上引起关注甚至轰动，关键就在于要有引爆点。那么，什么是引爆点呢？其实就是用户的痛点，只有切中痛点，才能满足他们的心理需求。如同销售产品，如果产品本身没有特点，或者在宣传、推广上没有体现自己的优势，那么多半无法获得用户的认可，更不用说销量了。那么，IP要如何打造引爆点呢？首先，在定位上要善于思考、善于创新、把握市场的需求；其次，在内容上尽可能地表现出优势。

如今内容已不再是判断IP好与坏的唯一标准，热度成为影响IP效果不可或缺的决定性因素。这里的热度，并不是宣传力度，也不是花多少钱或者造多大声势，而是IP本身的高频属性，即IP必须有特定的引爆点。

借助这些引爆点，就能顺利打开市场，吸引投资方投资，吸引大众关注。目前，很多IP呈现出同质化倾向，而这些引爆点能成为区别于其他

相似IP的显著标志。大众看完作品后，很容易就被其中的几个点所打动。

概括起来，制造引爆点主要从四点着手：一是找准目标用户；二是提供特定场景，满足用户需求；三是解决用户痛点；四是选择合适的传播载体。只要满足了这四点，就能进一步明确目标用户，从而有针对性地制造产品的价值爆点。

1. 根据年龄与兴趣，找准商品的目标用户

找商品的目标用户，其实就是通过商品分析，确定哪些人可以成为商品的用户。明确了商品的消费群体，就能让商品高效地触及用户，这样商品也就有了成为爆品的可能。

一般来说，商家寻找商品的目标用户可以从年龄和兴趣爱好出发，具体做法如下：

（1）根据年龄阶段确定目标用户。年龄是了解用户的一个有效途径，不同年龄阶段的用户，具有不同的消费心理和消费需求。我们可以以5岁为间距划分年龄段，与各年龄段的用户进行深入交流，了解用户的需求，确定商品的目标用户群体及其共性，然后通过用户感兴趣的话题进行交流，为用户打造有爆点的商品。

（2）按照兴趣、爱好对用户进行划分。从用户的兴趣、爱好出发找目标用户，能打破年龄的限制，使具有相同兴趣、爱好的用户聚集在一起。然后，商家就可以根据这些用户群体的兴趣和爱好来打造爆款商品。

2. 提供特定使用场景，满足用户需求

在场景营销盛行的互联网时代，将商品放在特定的营销场景中，就能更有效地激发用户的使用需求。因此，在打造爆品的过程中，让消费场景

成为带动商品销售的一个爆点，也是很有必要的。

企业给用户制造消费场景时，需要抓住消费场景的五个组成要素。

（1）用户：谁来消费？

（2）消费时间：什么时候消费/使用？

（3）消费空间：在什么地点消费/使用？

（4）动态行为：做什么？

（5）心理状态：在想什么？

通过消费场景，用户就能更加真切地感受到商品的优势，从而将他们潜在的消费需求激发出来。用户为了满足这种潜在的消费需求，就会主动地参与该商品的消费过程。不过，为了能让商品满足用户需求，在营销环节，商家要重点做好三项工作：找到部分市场用户、亲身体验消费过程、挑出商品的不足，总结经验。

3.用高性价比击中用户痛点

痛点是从用户本身出发，强调用户的诉求和体验。比如，高质、低价的小米手机，就解决了用户面临的智能手机价格过高的痛点；支付宝、微信支付则解决了用户携带现金不便的痛点。所以，企业要通过对用户进行深层次的发掘，全面解析商品和需求市场，把用户身上潜藏的消费痛点挖掘出来。

如果市场中有很多同类商品都可以解决用户的痛点，为了打造爆品，占取一定的市场份额，企业就要从商品的性价比入手，合理地给商品定价，用"价格"这个关键词来吸引用户。

企业从性价比出发打造爆款商品时，商品定价可以参考以下三个因素：

（1）价格在多数用户可承受的范围内。

（2）商品品质与价格能有效匹配，用户能感知到真实的性价比。

（3）至少满足少数用户的性价比需求，不断满足大部分用户的需求。

同时，为了真正做到物美价廉，得到用户的认同和肯定，商家在给爆款商品定价时，还要注意为成本加价，以竞争对手的定价数据为参考，观察用户的价格承受能力。

方法二：紧跟热点内容，也能蹭些流量

其实很多企业都在开展蹭热点营销，要想做好蹭热点营销，就要抓住以下三点：

（1）时间性。在快餐文化时代，热点来得快，去得也快，想要提高营销效果，企业需要在第一时间抓住热点并进行传播。可是，并不是每个热点都是突然出现的，有些可预知的热门话题需要提前做好准备。

（2）正面性。蹭热点的时候，不要选择负面的热点，否则只能给品牌带来无形的伤害。

（3）可讨论性。借势的热点要有可讨论性，没有可讨论性的热点，只是纯粹地曝光。所以，企业在蹭热点进行营销的时候，要选择一个最优的、最能激发用户讨论的话题，要有巧妙的构思，能吸引大众，并带动话题的可讨论性和传播性。IP本身自带高讨论量，蹭热点能增加爆文的机会和收益，更易获得关注。

很多做 IP 的企业，不喜欢蹭热点营销，是觉得它很低级，但蹭热点营销确实有用，且是一门技术活。只要正确地蹭热点、用模板，IP 获得的流量就能翻倍。

第一种，蹭明星品牌的热点。

不管是蹭明星、网红、名牌，还是蹭热门综艺、电视剧，其核心逻辑都是"蹭"。明星、名牌、网剧、综艺等火爆的时候，都有很高的话题讨论度，你的内容如果蹭上这些热点，系统算法会更优先地推荐你，将你推荐给看过这些热门明星、名牌、电视剧、综艺的人，这就相当于抱住了"流量大腿"。

蹭明星、热播影视剧热点的正确做法是，结合自己的专业来做内容，既要蹭到热点，又要展示自己的专业性。比如，抖音平台上有一个做礼服相关内容的创作者。她一开始发了几十条关于礼服科普的视频，只有几百个赞。后来，该创作者换了一个方向：介绍一线女明星的红毯礼服搭配。"热门明星＋热门活动红毯＋专业点评"的内容模式下，粉丝量上涨得飞快。点评明星的内容，系统会推荐给关注女明星的人看，粉丝自然就增多了。第一条视频获得了 5000 个赞，之后的每一条视频都在分析明星的礼服，普遍都有几万个赞。

第二种，蹭大公司的热度。

蹭大公司的热度，核心逻辑在于"锚定人群"，因为大公司在特定人群中的热度不低于明星网红。比如，如果你是从事互联网行业的，平时肯定会关注腾讯、京东、拼多多、美团等大公司，会浏览他们发出的最新消息。

当你锚定的人群和关注这些大公司的人群一致的时候，你就可以蹭这些大公司的热点，吸引你的目标用户。比如，如果你是职场人士、法律人士，平时多关注腾讯、拼多多、京东等企业的动态，以及这些大公司发生的事件，就能吸引你的目标用户。

第三种，蹭精神需求的热度。

精神需求是人类在满足基本的物质需求基础上产生的非常稳定且长期的需求。蹭精神需求的热度，实际上就是蹭"搜索流量"。

当代人对于精神满足的需求非常大，而且长期稳定，比如解压、焦虑等。当他们有这些需求、不知道如何释放时，就会主动搜索。如果你的内容正好带有这些关键词，那么就会带来一定的搜索流量。如果你所在的行业，能满足一些精神需求，比如转运、解压、抵抗焦虑……你的IP就可以考虑蹭精神需求的热点。一旦蹭上，用户就会源源不断。

第四种，蹭节日的热点。

蹭节日的热点，走的是"全民"路线。上面提到的蹭明星、蹭大公司、蹭精神需求，不管热点有多热，总会有人不知道，但重大的节日热点，全民皆知。比如，在我国可能有人不知道在播的电视剧有什么，不知道明星艺人的动态，不关注企业的变动，也不需要解压，但没人不知道春节。节假日本身就是一个最大的热点，所以蹭上节假日的热点，流量也会更大。比如，春节的时候，微信曾推出了红包封面，很多人喜欢定制不一样的红包封面。如一个蛋糕店的店主，就把蛋糕照片做成了红包封面，免费送给用户。她在小红书平台上发布了一条笔记宣传，仅一天时间就添加了1500多人的微信好友。

这些想要蛋糕红包封面的人，一定包括想买蛋糕的人。付出5分钟的时间成本制作的红包封面，就能免费拉来1500多名精准用户到私域。这就是春节红包的影响力。

除了节日，还有大型活动。比如，世界杯，虽然不是传统节日，但热度却高得可以跟节日相媲美。并不是只有体育博主才能蹭世界杯的话题，其他领域的博主同样可以讲相关的话题。

比如，美食博主可以讲，什么好吃的适合边看世界杯边吃？这个话题一定比你做一顿普通的美食更有热度。穿搭博主可以讲，世界杯球衣潮流穿搭。这个话题一定比你做日常穿搭更有热度。

方法三：布局抖音、快手、视频号等短视频平台，提高曝光量

近几年，短视频行业的用户呈爆发式增长，用户规模数以亿计，覆盖庞大的人口基数，短视频也就成了品牌的重要营销渠道。抖音、快手、视频号等短视频平台的宣传和带货能力，早已得到检验，直接影响购买行为。

1. 玩转抖音，品牌营销让用户喜爱

抖音充分体现了对用户的洞察。在移动互联网时代，涌现出很多新兴职业人，他们顺应年轻人不断追寻自我兴趣、将爱好玩成专业的社会趋势，创造轻松好玩却又立意深刻的短视频节目，能抓住年轻消费者的心智，实现内容与用户之间的联结。

借助抖音平台优势，视频《闪光的一平米》创新了品牌营销思路，携

手京东电脑数码,实现了品牌与内容的融合,巧妙地完成了一场从品牌传播到营销转化的全流程升级体验。

很多人觉得,一平方米的空间微不足道。但视频《闪光的一平米》告诉我们,即使是小小的一平方米空间,也可以托起各种多元的想象。在主持人的带领下,用户可以看到不同时代年轻人的生活,见证各类新兴职业人群在属于自己"闪光的一平米"中的幸福追求。视频中表达的生活洞察,成功触动了当下年轻人的内心,并将其融入剧情中,鼓励大家发现自己的闪光一平米,同时也在不经意间释放了京东电脑数码"为梦想助力"的品牌价值,拉近了品牌与观众的距离。

《闪光的一平米》视频中,多处带有京东电脑数码品牌元素,随着视频中场景的不断切换,既合理,又舒适。跟随角色的脚步,我们从室内走到室外,认真体验新职业人的趣味生活,实现灵魂对话……

更重要的是,随着剧情的发展,视频中不断进行产品植入,让京东电脑数码建立了直观的引导,通过画面提示"在京东搜索闪光的一平米可购买同款",由此在观众心中建立品牌记忆,引导观众锁定同款品牌专区下单心仪产品。

观众不仅可以在抖音站内聚合 H5 观看节目、参与投稿进行互动,还能在话题页浏览抖音网友上传的优质作品,而这些都作为《闪光的一平米》视频活动的最佳载体,助力京东电脑数码广泛覆盖用户。

2.借助快手,低成本打造社交裂变效果

在"得用户者得天下"的今天,企业对于消费者的抢夺变得更加艰难。在这种混战局面中，品牌要想深挖未来的增量，就要提前为发展做好布局。一直以来，快手都以互动玩法见长，通过互动能力为品牌商家加持，是快手的独有优势。因此，品牌在进行社交裂变营销时，可以充分利用快手等内容社交平台的互动玩法，打造强社交裂变。

2023 年 3 月，快手"一分购活动"携手肯德基品牌，上演了一场"新生流量收割战"。不到一个月，就引发了大量用户关注与参与，不仅在快手平台内形成了巨大的流量和讨论，也为肯德基带来了大量的站外曝光。

其实，该活动并不复杂：用户通过快手 App 搜索关键词"一分购"进入活动页面，自主选择想要的商品发起砍价后，邀请好友助力帮砍，在规定时间内助力用户数达到要求，用户就能获得 1 分钱购买此商品的资格。该活动真实有效、规则简单，无须花太多时间研究，只要邀请 3~4 个新用户助力，就能花 1 分钱买走心仪商品。

在快手独有的社区文化下，其用户喜欢分享、社交，并口口相传，这就为以"社交裂变"为核心的"一分购活动"创造了天然的推广土壤，引发了人们高涨的参与热情，释放出更强的传播效应，更容易形成内部自传播裂变。

3. 借力视频号，触达用户，深度运营

2020 年年初，视频号上线，凭借微信庞大流量的优势，很多企业、品牌逐渐将营销阵地转移到这里。不少品牌在视频号加强线上传播与营销，联动公、私域，实现更精准的营销投放，同时实现了品牌建设与销售目标。而视频号充分发挥了"流量集散中心"的作用，如图 5-1 所示。

视频号已与朋友圈、公众号、看一看、搜一搜、企业微信、个人微信等多个板块进行了关联，即与微信生态圈中"人""内容""服务"等触点均建立了链接。

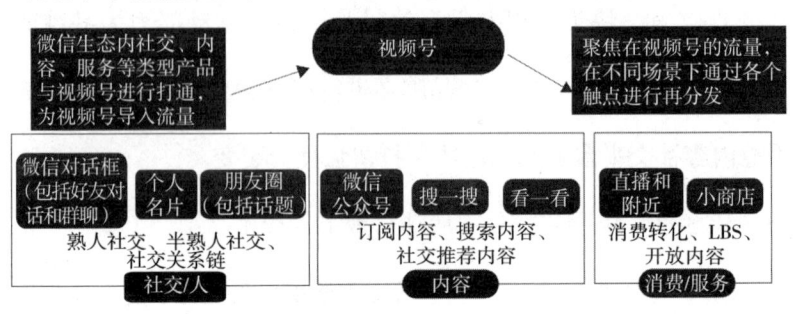

图 5-1 视频号作用示意图

如今，视频号已经成为品牌不可或缺的营销渠道。作为品牌的内容阵地，视频号可以满足企业品牌宣传、产品种草和培养用户心智等要求，通过公域高效触达用户，再沉淀至私域进行深度运营。品牌可以在视频号挖掘营销动力，通过塑造品牌形象，精准触达核心用户群体，再制定差异化的竞争策略，释放品牌营销势能。这中间遵循的是视频号运营逻辑，如图 5-2 所示。

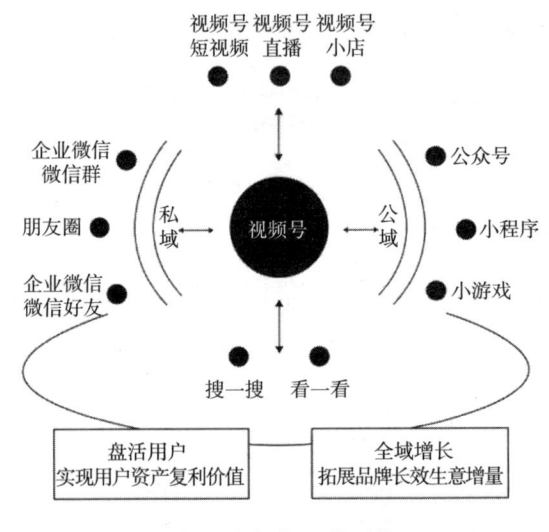

图 5-2 视频运营逻辑

第五章 品牌 IP 营销——提高推广力度，增大影响力

新式茶饮品牌乐乐茶抓住屈臣氏"88 品牌日"这一关键营销节点，在品牌全面升级及新品推广之际，将视频号直播作为潜力渠道，通过"公域广告引流＋视频号直播"的"一站式"运营链路，用公域流量放大单场品牌直播的效能，为乐乐茶"88 品牌日"活动带来了全网的流量曝光，实现了声量与销量双增长。

为了让公域流量持续流入直播间，屈臣氏和乐乐茶主要做了三个动作。

（1）在品牌日直播前、中、后期，有节奏地进行广告投放。直播前，针对潜在新客投放朋友圈广告，用创意宣传片为活动预热，为直播间引流；第二波投放选在潜在用户刷朋友圈的高峰期，广告配合视频号直播，提高了高峰期时段的流量，促进圈层发酵；同时，在官方公众号、视频号、小程序、微信社群、企微导购等多个阵地展开多渠道传播，公域与私域流量协同发力，有效提高了直播声量，如图 5-3 所示。

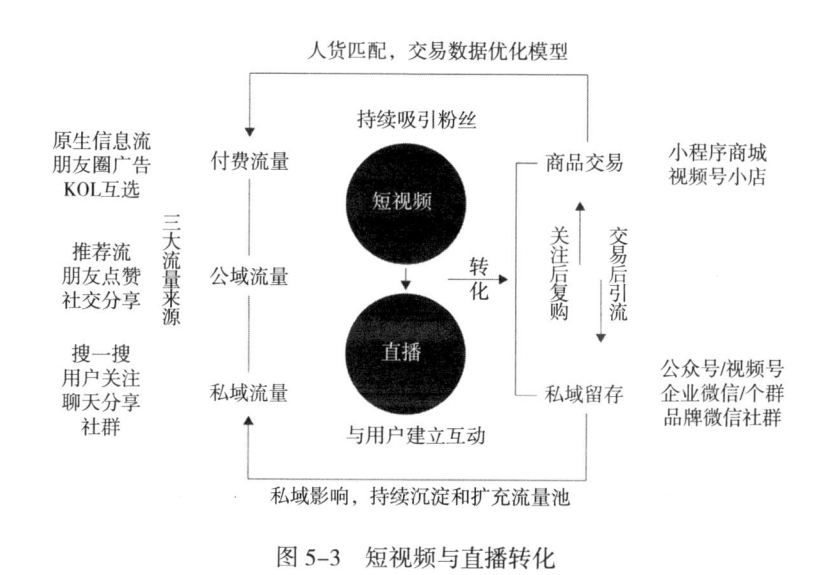

图 5-3 短视频与直播转化

（2）针对直播过程中的"人场"难题，在场景升级、互动升级、货品升级三个维度对直播间进行优化。一方面，设置限时限量的优惠福利、不同时段抽奖及秒杀活动，吸引用户停留，促进其下单转化；另一方面，根据直播间的流量趋势节奏，利用发放福袋活动带动直播间氛围，提升互动量，促成增长目标。

（3）在直播间设置多种品类产品的活动券福利。用户只要点击直播间下方的广告弹窗，就能进入优惠券落地页进行一键下单。乐乐茶在直播间推出11款不同产品限量兑换券包，包括新品草莓桃子超萌杯、爆款单品山茶花香柠茶等，满足了不同用户人群的需求，实现了用户的沉淀与销售转化，助力品牌完成从公域到私域的长效营销。

方法四："五商＋三域"一体的数字化转型服务

商业盈利的关键是打造爆品，而不是产品。对于一家企业来说，只要能打造出爆品，就能瞬间接通市场脉搏，提高知名度，甚至使用户尖叫，让市场疯狂。如今，各企业纷纷舍弃传统营销思维，逐渐开始用"爆款思维＋双线融合"模式来打造产品，并将爆品战略和F2B2C模式作为企业转型的战略重点。

这里，我们重点说一下"五商＋三域"一体的数字化转型。

1. 五商

五商指的是视商、播商、微商、店商和电商。

第五章 品牌 IP 营销——提高推广力度，增大影响力

（1）视商。所谓视商，就是用视频做生意，其涉及领域非常多，覆盖教育、健康、媒体、娱乐、品牌宣传，发展空间巨大。简言之，就是通过视觉让顾客下单。不管是品牌推广，还是会议活动，都可以通过视频直播的方式让人快速了解你的产品，全方位与粉丝互动。

今天，在影响力方面，一位短视频和直播领域头部网红的影响力不亚于一位明星。在变现方面，罗永浩等头部网红的变现能力惊人，腰部网红的收入也非常可观。在用户规模方面，快手的平均日活用户已经数以亿计，抖音的平均日活用户数也突破 4 亿，而淘宝直播积累用户早已突破 4 亿，微信 12 亿用户也必将催生更大的视频号用户规模……视商已然在影响力、变现力、用户规模上，崛起为一股新势力，成长为一个新的社会群体。

5G 时代，电商的基本要素非常完备，短视频和直播成为主要的电商工具，视频电商由此诞生。基于抖音、快手、微信等短视频平台的电商都属于视频电商，尤其是携带 12 亿用户入局的微信推出视频号，更进一步促进了视商规模的发展。随着 5G 时代的到来，网速会大幅提升，"视商"也会得到全面发展。

（2）播商。企业或品牌都会慢慢变老，只有不断地寻找新的活力，未来的发展之路才能越走越宽，而播商就是激发品牌新活力的有效方法之一。所谓播商，就是"直播＋电商"，运行模式为直播电商，通过 App、微信端和第三方接口，结合直播、电商等载体，以"直播＋实时购物"的形式，帮助企业和商家精准触达客户。

随着 5G 商用时代的到来，以及互联网技术的高速发展，"播商"必将成为企业运营新趋势。传统企业，尤其是已经具有一定知名度和影响力的

老字号企业，为了应对品牌老化的难题，活化品牌，可以选择直播营销。具体方法如下：

①改变营销思维。阻碍传统品牌复活的不是市场，而是经营者故步自封，不懂得与时俱进。很多传统品牌都曾有过辉煌时期，但世界已然发生改变，信息高度发达，品牌林立，竞争激烈，忽视了产品和服务，不改变营销思维，永远做不好播商。

②重新定位，打造新形象。传统品牌有优势，也有劣势，为了改变劣势，就要对品牌重新进行定位，打造年轻化的品牌新形象。如此，做播商的时候才能贴近年轻一代消费者，引起他们的共鸣。

③升级产品和包装。为了抓住新时代消费者的心，就要对产品进行升级，努力开发适应市场的新产品和新包装。比如，紧跟时代潮流，老北京布鞋品牌开发了"《王者荣耀》系列""《如懿传》系列"等布鞋新产品。为了扩大影响力，该品牌从2021年开始做播商，将这些产品直接展示在直播间，受到年轻一代粉丝的热捧。

（3）微商。互联网出现后，信息的流动方式变了，尤其是微商的出现和普及，使整个传播模型发生了根本变化，形成了立体网状的传播格局，每个人都成了媒体的一分子，而媒体只是网状中的一个较大分子，信息的流动可以从任何一个分子发出，只要该信息足够有传播力，就能迅速到达全网。

创造话题，建立联结，常用方法如表5-1所示。

表5-1 创造话题方法说明

方法	说明
话题营销	互联网时代，注意力是稀缺资源，只要能抢到用户的注意力，品牌传播也就成功了。想要吸引注意力，最有效的方式当数话题

续表

方法	说明
事件营销	借助社会热点事件、热门影视剧或热门段子，把产品植入社交媒体、论坛贴吧、自媒体上，就能实现广泛传播
明星营销	比如，凡客邀请韩寒代言。该品牌设计的凡客体和韩寒的形象非常契合，"爱网络，爱自由，爱晚起，爱夜间大排档，爱赛车，也爱29块的T-shirt，我不是什么旗手，不是谁的代言人，我是韩寒，我只代表我自己。我和你一样，我是凡客。"使大众集体产生情感共鸣，这些大众正是凡客的消费群体。凡客体成为网络最流行的网络语言，极大地提升了凡客的品牌影响力
高管营销	CEO代表着公司的形象，也代表了产品的品质形象。高管要经常出来表达对产品、行业及公司价值观的观点，以吸引各种媒体的关注和传播。因此，高管可以把自己当成娱乐明星来营销。比如，周鸿祎、雷军都是这方面的行家，且营销手法不尽相同
励志营销	大家都喜欢看草根逆袭的故事，每每读到各个风光无限的企业家当年如何从草根一直奋斗到行业精英，都让广大网友心潮澎湃。企业高管运用励志营销，不仅能更好地展现自己，还能获得大众的认可
仪式营销	仪式营销强调仪式感。该营销法源自苹果公司，苹果产品的每一场发布会，都像一场隆重的仪式，极富科技感和仪式感。乔布斯把苹果做成了一种标杆性的产品，"果粉"对于苹果产品的热爱，堪称痴迷

（4）店商。消费者对门店的整体感受或认知，包括店老板、导购、装修、商品等。认知好，就会变成忠实消费者；感知不好，会变成一次性生意。

同样都是门店，为什么别人家的店生意红火，自家的店只能勉强支撑？到底是人家的营销方法好，还是你根本就做错了？

很多人会陷入这样的误区：频繁降价促销只为引流。看到营业额下滑，很多人第一时间就想如何通过引流活动来增加流量、提升营业额，低价促销、送各种赠品营销等方式统统拿来用。最终陷入了这样的循环：生意不好—促销打折—营业额暂时提升—利润降低—恢复原价—顾客流量下降—生意不好。其实，店铺生意不好，流量差只是一个原因，也可能是因为产品与该商圈群体需求不符合，或店铺管理不善、客户体验不好……所以，生意不好，不一定是引流不好，频繁地降价促销，不一定增加流量。

做营销就是打折？营销涵盖的内容不只是打折促销。营销大师菲利普·科特勒在《营销管理》一书中指出，营销包含了产品、价格、推广、渠道四部分内容。促销打折只是营销的一部分，不等于所有的营销手段。频繁的促销打折只能让品牌陷入死循环，既浪费了资源，又损害了品牌形象，得不偿失。

不成功的交易就是失败交易。能够当场成交的销售毕竟是少数，多数顾客对于产品都处于观望、犹疑中，如果这次没有达到自己想要的结果，为了赢得下次成交的机会，就要为顾客尽力服务。

总之，盲目的营销行为是对店铺资源的一种浪费，只有合理地开展营销活动，才能给店铺带来真正的成长。合理地开展营销活动要从以下方面着手。

经营人际关系。商业圈和生活圈是重叠的，通过人缘来留住顾客是最有效的方式，所以经营人际关系是门店品牌化运作的第一要点。

销售高品质的商品。商品会说话，通过商品来吸引回头客，是最省钱的广告。不论是品牌商品还是非品牌商品，质量第一，价格第二。

适合该商圈的店铺形象。并不是最高档的装修就是最好的，适合该商圈的装修才是最好的。比如，社区店适合装修成具备拉家常的风格，方便消费者出来散步时来进店闲逛和休息。

系统化管理。系统化管理不仅体现在管理效率上，更多地体现在专业和品牌形象上。

形象的统一。服装、包装、门店形象等只有做到统一，才能体现经营的规范化。

（5）电商。作为一种新兴的销售模式，电商已经成为现代商业的重要组成部分。如何在激烈的市场竞争中，做好电商的营销推广，提高品牌知名度，是每家企业都需要思考的问题。做好电商要注意以下七点。

①目标受众。电商的营销推广需要明确目标受众，企业要通过市场调研等方式了解目标受众的需求、行为和偏好等信息，选择合适的推广方式和渠道。

②推广渠道。电商营销推广的渠道有很多，包括搜索引擎、社交媒体、视频网站、电子邮件等。为了提高曝光率和转化率，企业要选择合适的渠道，针对目标受众进行推广。

③内容创作。内容是电商营销推广的核心，为了吸引潜在客户，企业要创作有吸引力、有价值的内容，比如文字、图片、视频等。同时，为了提高效果，内容需要与目标受众和推广渠道相匹配。

④搜索引擎优化。通过优化网站结构、内容和链接，可以提高网站的曝光率和流量，增加潜在客户数量。为了提高搜索引擎优化效果，企业要关注搜索引擎算法的变化，并定期更新和优化网站内容。

⑤社交媒体。社交媒体是电商营销推广的重要渠道之一。企业可以通过创建社交媒体账号、发布有价值的内容、与粉丝互动等方式，提高品牌的知名度和信任度。

⑥广告投放。广告投放是一种快速获得曝光量的方式。企业可以通过搜索引擎、社交媒体等平台进行广告投放，吸引潜在客户。

⑦优惠促销。优惠促销是电商营销推广的重要手段之一。企业可以通过打折、赠品等方式，促进销售。

电商是当下最受欢迎的商业方式之一，消费者也享受到了电商带来的便利，因此电商要把握好机会，运用好营销推广工具，这样才能收获更多效益。

2.三域

所谓三域，就是公域、私域和店域。

（1）公域。在公域运营可以提高线上流量。

公域流量的受众面广，可以将品牌宣传至各个层面的群体，持久地冲击消费者记忆，塑造品牌形象，获得全新流量。那么，如何全面挖掘公域流量呢？

在运营公域流量前，企业应先了解公域流量主要存在于哪些平台。目前，公域流量平台主要有：线下的传统广告入口，比如商城、地铁、公交、电梯、社区、学校等人流密集的地区；线上各大付费的流量渠道，比如短视频生态的抖音、快手，微信生态的微信搜索、视频号，内容生态的小红书、知乎、微博等。各平台流量的特性不同，引流时需要设置公域流量到私域流量的路径，以便将流量引至微信生态的公众号、企业微信、小程序，如图5-4所示。

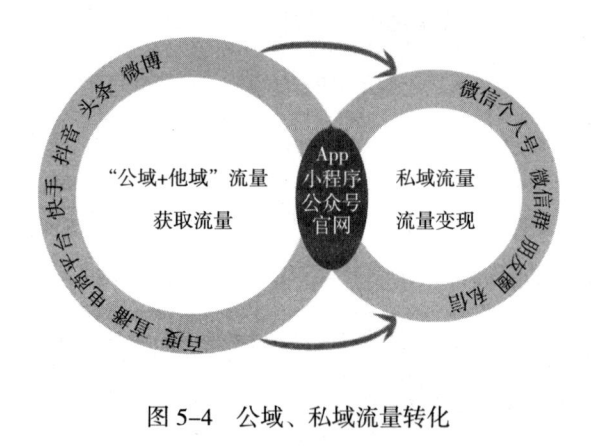

图5-4 公域、私域流量转化

公域流量平台引流至企业微信的方式主要有：

①线下门店。线下门店和实体产品是多数企业存量用户的来源。每当用户进店消费的时候，都可以完成一次触达。企业门店可以策划一场活动，构筑线下存量用户线上留存的路径。比如，在七夕时，企业让进店消费者添加员工企业微信，享受节日限定折扣等。

②实体产品。实体产品的玩法简单明了，可以在产品的包装上，贴上醒目诱人的福利信息。对于不喜欢看说明书的用户来说，一个方便快捷的扫码领福利方式，大多数人都不会忽视。

③微信搜索。微信搜索引流给品牌的方式一般有两种：一种是直接检索品牌，另一种是搜索需求。对于品牌方来说，更容易获得用户流量的方式是第一种。用户直接在微信中搜索品牌，心理防备比较低，容易与品牌构筑联结。

④短视频生态。抖音和快手通常的玩法是通过短视频和直播直接进行变现，还有一种玩法是将流量引到微信。品牌在抖音或快手主页，会留下自己的官方微信号或官网地址，被品牌优质短视频内容吸引来的用户，就通过主页信息被引流到企业微信中。

（2）私域。企业通过私域可以进行 SaaS 裂变。

在如今的大环境下，私域流量成本低、门槛低，吸引各行各业在线上发展。

裂变是私域流量积累中比较重要的方式，一场成功的裂变活动，能够在短时间内为品牌带来源源不断的粉丝。如果引流粉丝中多数是精准粉丝，流量则约等于客流量，通过运营手段，利用已有用户挖掘更多潜在用户，能够大大提升私域转化的概率，如图 5-5 所示。

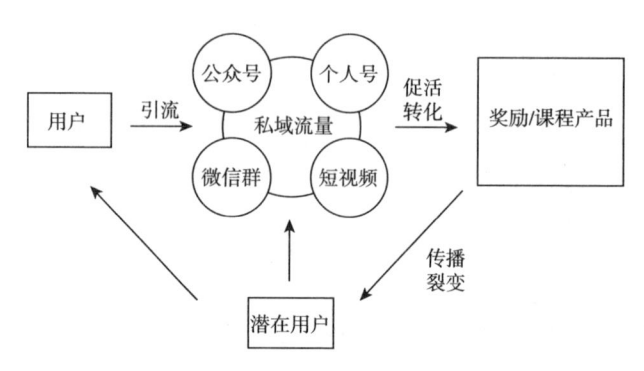

图 5-5 私域流量模型

常见的裂变活动分类如表 5-2 所示。

表 5-2 常见裂变活动分类

常见裂变活动	说明
邀请有礼	这是一种非常普遍且有效的拉新手段，通过设置一定的福利诱饵，刺激老用户主动邀请新用户，实现用户的快速扩张。但需要一定的成本，需要裂变对象完成消费、注册或进入私域才可以
免费领奖品	通过福利诱饵，让用户邀请好友助力，可以获得对应的商品，然后在公众号、小程序、朋友圈、私信、社群等私域渠道进行宣传推广
拼团裂变	拼团，是针对部分商品，以成团人数为条件，以优惠价格刺激吸引用户发起拼团，实现裂变。商家可以在小程序、社群等渠道中发起拼团，常见的拼团类型有试用团、超级团、秒杀团、海淘团等
分销裂变	该玩法比较简单高效，商家设置商品的推广分成比例，以现金奖励刺激用户自发地推广产品，形成裂变传播。为了调动用户的积极性，还可以设置业绩排名，提供额外的排名奖励
抽奖裂变	这类形式成本较低，用户通过分享获得抽奖次数，就能带动新用户参与抽奖，形成裂变循环
养成小游戏	该玩法需要等级、奖励、场景等维度的设计，投入成本较大，但可以极大地提高用户的忠诚度

（3）店域。店域，可以对到店用户进行数据管理。无论是进店量还是员工绩效，多数都可以进行量化。在接待消费者的过程中产生各类数据，运用分析工具对用户到店数据进行科学分析，并将分析结果运用到营运、销售等环节，就能及时地将数据分析结果应用于业务层面，使销售服务更精准、更高效。

那么，如何建立数字化管理体系？具体方法如下。

每日工作总结数据化。通过员工每日工作汇报了解每日门店到店客流、成交人数等关键指标，明确门店每日工作安排是否合理、是否饱和。

每周汇总数据。根据每周进店顾客数量，统计实际到店的有效顾客数量。同样是100个客流，是50个有效顾客，还是60个有效顾客，对于门店业绩来说会有很大不同。看到有效顾客数的同时，还要看到顾客的结构。如果30个有效顾客都是新客，那么带来的结果也会不一样。

每月盘点顾客数据。月度顾客的盘点，可以从顾客的到店频次进行盘点分析，把顾客分为到店4次以上的、2~3次的、到店1次的，以及连续2个月未到店的，通过分析结果统计活跃顾客有多少，对门店忠诚度、依赖度高的顾客有多少。还要分析顾客的消费情况，这个月消费的顾客有多少，只消耗未消费的顾客有多少。

每月召开顾客分析会。顾客是上帝，要将客户管理上升到重要位置，因此需要召开顾客分析会议，有利于掌握客户的需求和消费习惯，甚至了解客户的爱好、工作等，针对不同的客户制订不同的营销方案和话术。

方法五：没有线下会面，很难建立牢不可破的信任感

信任关系的建立，离不开线下的会面。

2021年，五粮液通过创办"12·18超级粉丝节"，吸引用户更多地参与营销价值的创造中。其整合了视频微综艺、微访谈、小程序互动体验、头部主播直播、官方线上店铺销售促动等丰富多彩的活动，激发粉丝对于酒文化的兴趣和诗酒山河的情怀，将五粮液的品牌文化、历史传承与粉丝互动有机地融合在一起，点燃了用户的热情。

那么，五粮液"12·18超级粉丝节"是怎样做到既有"温度"又有"深度"的呢？

借助传统文化，深耕精品内容。为了有效传播五粮液品牌文化，在这场粉丝节盛典中，五粮液以"千里山河，诗酒相会"为主题，重磅打造了四集微综艺。其以长江为线索，深度挖掘和融合长江沿岸城市的历史文化、名胜古迹、风土人情，融合五粮液品牌历史、酿酒工艺等品牌文化成分，为粉丝打造了一场兼备趣味与文化底蕴的诗酒之旅。在"诗酒之旅"纪实微综艺中，还特邀五粮液粉丝与美食、音乐、文学等领域嘉宾结伴。在武汉站，中国烹饪大师黄明辉将美酒五粮液与美食武昌鱼结合在一起，碰撞出了"浓香醉武昌"式的味蕾新体验；在岳阳站，中国最具影响力的

少数民族音乐人之一莫西子诗将酒气融入诗歌和音乐，在微醺中挥洒"把酒临风"的豪情……

创新互动玩法，打入年轻群体。为了增加用户互动体验，充分发挥品牌创造力，使用户能在线上全方位地感受到五粮液独有的魅力，五粮液在"云游记"小程序中推出了多种玩法，粉丝可以尽情畅游，感受云旅行，开启沉浸式"互动游戏"体验。同时，在"长江漂流瓶"互动体验环节，粉丝还可以参与互动抽奖，获得专属福利。在"共创五粮液之酒"主题活动中，粉丝通过共创酒的设计参与品牌共建，进一步增强了用户与品牌的情感联结。此外，互动玩法还融合了"微综艺""考古五粮液""家有老酒""首席白酒品酒师年会"等板块信息专区，以悠久的品牌文化、优质的内容展现，构筑起与用户深度沟通的桥梁，吸引了众多年轻用户的关注。

借助抖音头部主播，撬动消费增长。为了进一步扩大活动影响力、促进产品销售，五粮液在"12·18超级粉丝节"系列活动中，与抖音头部主播展开合作，借助他们的带货流量，提升了品牌曝光度，成功拉新，为五粮液线上店铺直接引流。

在直播中，主播与粉丝进行深度内容互动、增加抽奖环节惊喜，提升了五粮液天猫店铺的销量和活跃度，还详细介绍了五粮液独特酿造技艺等品牌、历史、文化优势，为广大用户带来了五粮液品牌文化最直观的感受与认知。

五粮液将超级粉丝节打造成与用户深度对话的活动IP，升级了营销模式，丰富了品牌文化价值表达，打通了线上与线下的传播壁垒，赢得了更多年轻用户参与，提高了品牌讨论度，为品牌营销开拓了新阵地。

传统品牌营销方式是"营造光环"，通过塑造产品独特性、邀请明星代言等吸引关注。随着社交网络的发展及消费升级，产品不再是用户感知品牌的唯一方式，为了获得更多用户——特别是年轻用户的关注与认可，越来越多品牌开始采用有温度的品牌营销策略、有创意的用户互动方式。

传统营销方式中，企业总是站在自己的角度"自娱自乐"，用户只能被动接受，无法参与。借助线下的会面，企业能与用户持续深入互动，并结合线上、线下各种资源，形成营销生态链，以最快的速度让目标用户了解品牌并体验产品。

第六章
万物皆可跨界，IP联名也能出圈

模式一：联名擦出火花，带来曝光度与话题热度

随着消费不断升级，品牌逐渐打破圈层文化，呈现出新视觉、新活力。为了以花样营销方式走红出圈，除了层出不穷的新品牌，众多传统品牌也纷纷推出跨界新品，IP联名逐渐成为各品牌的常用方法。

如今，IP联名的时代正式拉开了序幕。当很多品牌为了"如何让自己的产品被更多人知道"而绞尽脑汁的时候，有的品牌厂家已经开始了IP联名合作，争先开展跨界合作，在一次又一次的碰撞中打造属于自己的新风格，掀起了一股新风尚，为广大用户带来了与众不同的视觉盛宴。

所谓联名，就是品牌通过和其他品牌、IP、名人等合作催生新产品，产生1+1＞2的双赢效果。近年来，这种方式已经成功助力不少品牌找到营销的流量密码，越来越多的联名款充斥人们的生活，比如服装、食品、日用品、汽车……跨界也可联名，形成了一种声势浩大的联名文化。

为了顺应时代发展趋势，万茗堂立足十周年新起点，进行全品线开

拓，进军大健康产业，正式启动"万茗堂大健康项目"。

北京同仁堂作为百年老店，始建于 1669 年（清康熙八年），历经 300 多年风雨，如今门店已遍布全国各地。其产品配方独特、选料上乘、工艺精湛、疗效显著，享誉海内外，行销 40 多个国家和地区，极具影响力。

2022 年 5 月 20 日，万茗堂与北京同仁堂达成合作，并正式签约。之后，双方充分发挥各自的优势资源，在大健康产业紧密布局，深入满足用户的健康需求，助力中医药文化的传承和弘扬。

万茗堂立足酒水行业多年，其品质与服务赢得了大众的认可与赞誉，品牌声誉响彻国内外。而作为百年老字号的北京同仁堂，对产品品质的高要求、严标准，与万茗堂对产品的极致追求不谋而合。这次合作，基于对用户高度负责的初心，为用户提供保质、保真、保鲜的鲜虫草，专业、贴心、高效的服务，高品质与性价比兼具的好产品，满足了更多家庭对健康、品质生活的追求。

从本质上来说，跨界就是两种文化之间的重组与扩散，是品牌价值文化之间的碰撞、融合与消费场景的拓展，可以使品牌获得 1+1＞2 的营销效果。

在用户分层、市场逐步精细化的今天，随着单个用户获取成本和服务成本的攀升，在传统品牌专注于精细运营的商业逻辑之下，品牌运营成本节节攀升，产品要想脱颖而出，就要考虑性价比更高的营销获客方式。随着 IP 联名的销售数据越来越喜人，更多产品加入联名大军，随着品牌和企业之间资源的互换和合作，品牌迅速走进用户的内心。

如今，联名系列已经真正融入年轻人的日常生活中。无论每天是什么心情，身处怎样的潮流场景，只要紧紧抓住年轻人涌动的情绪，将品牌双方的理念融入产品中，其背后的品牌文化和精神就能引起年轻一代的共鸣。

品牌之间的联名通过创新的设计手法，使经典的潮流元素展现了更多可能，借助对方的名气，或改变本品牌固有的风格，实现了对传统的突破。通过整合用户群体，确定发展定位，产生良好的联名影响，在新消费时代，就能成功地为双方品牌赋能。

1. 同品类产品联名

品牌差异大、产品记忆点不同的品牌联名，更容易实现优势互补。但同业品牌联名时，由于用户与渠道的重复，会出现相互竞争的情况，因此同业品牌跨界联名一般锁定在新的产品线，以有限的渠道限量发售，通过制造稀缺性与新鲜感的方式进行。

2. IP跨界联名

IP跨界联名是目前品牌界最常见的跨界方式，品牌方一般都期望借助IP粉丝力量提高关注度、突破销量。在IP联名的过程中，企业要选择与品牌调性相符的优质IP进行合作。因为优质IP可以实现连续的内容更新，保持热度，提高品牌调性，使产品更容易走进IP粉丝的心，提高品牌破圈拉新能力，提升品牌价值，升华品牌形象。

3. 明星联名

明星其实也是一个IP，借助海外知名度高的明星的粉丝群体力量，可以实现销量的突破；为品牌植入明星IP个人独特气质，就能实现品牌形象的转化。如今，只依靠明星人气代言的模式已经落伍，在代言、联名盛行的今日，明星代言话题发酵与粉丝带货能力逐渐削弱，新兴的合伙型的联名代言成了一种新模式。

4. 与设计师、艺术家联名

与海外设计师、艺术家联名是品牌突破产品固有风格、增加品牌附加值和品牌升级的重要手段。品牌通过与个性、特点鲜明的设计师、艺术家合作，使产品设计带来别开生面的体验，打造新的产品形象；借助设计师、艺术家 IP 的知名度，还能形成新的品牌溢价空间。

与设计师、艺术家联名是时尚品牌产品突破与升级最切实有效的经营策略。设计师与艺术家带来更加个性的产品表达，对于新时代用户群更具超前的话题性与吸引力，是制造内容焦点、与粉丝互动的一种绝佳方式。

模式二：流量转化"留量"，与用户越走越近

站在新零售的风口，蒙牛与娃哈哈等老牌饮品企业异军突起，前后步入社交新零售领域。

2018 年 11 月，蒙牛正式上线社交零售平台，推出"凝纯"水解胶原蛋白晶璨果冻，进军美容领域。2019 年 3 月，又推出了升级版"慢燃 PLUS"饮品。

2018 年 6 月，娃哈哈推出一款名为"天眼晶睛"的发酵乳饮料，主打"缓解视疲劳，预防儿童近视"的保健功能。这款饮料不仅联合动画片《天眼归来》打造动漫形象 IP，娃哈哈集团创始人宗庆后更以出镜朋友圈广告小视频的方式亲自参与这场盛大的营销活动。

巨大的利润空间为多层级代理提供了可能，微商模式令市场快速裂变，品牌光环与庞大流量的层层叠加，带来了机会与商业的碰撞。

网络时代，随着数字化进程的发展，"现象级"的营销事件在网络上层出不穷。谁能吸引年轻人的眼光和关注，谁就能赢得市场。只有将传统和流行结合起来，才能在激烈的市场竞争中抢占先机，赢得市场关注度。

互联网时代，万物皆可IP化，而在最新的IP"变现"赛场中，"潮流"则是俘获年轻群体青睐的首要秘诀。一杯奶茶、一碗湘菜、一锅小龙虾……是网络平台长沙美食热搜榜上的关键词，也是长沙特有的城市IP。当一拨拨年轻人闻"香"而动来到长沙时，在IP"变现"的风口上，文和友、茶颜悦色等几大爆款IP的共同驱动下，长沙的旅游产业顺势"起舞"，吸引外地游客慕名而来。

在互联网行业蓬勃发展的时代，多数品牌都是依靠海量曝光的方式吸引用户，只要购买流量，就能获得增量。随着流量红利的消逝，轻易获得流量的时期已经过去，抢占"留量"高地正成为品牌营销的主旋律。同时，随着新型媒体、电商平台的兴起，碎片化的信息获取途径让用户需求更加多元化、决策路径更加复杂化，导致品牌获取流量的成本上升、用户转化艰难，为品牌运营存量用户带来了挑战。

由此，打造可以长期利用的IP符号已经成了大势所趋。将品牌信息融入IP场景，可以为用户带来强大的视觉冲击力。同时，可持续的IP内容输出也能加深品牌与用户之间的联结，形成长期的效果转化。将流量变成"留量"，让热度留下余温，既能打响品牌、刷新颜值，也能提升品质、潜心修炼内功。

模式三：致力于塑造价值，让品牌具有格调

如今，社交电商平台的资源整合能力、供应链的供给能力已经非常成熟。想要开展社交新零售业务，最便捷的方式就是与成熟的社交电商平台合作，再通过多元化的营销推广，建立全渠道的资源优势。

2019 年，娃哈哈两次进军新零售领域。娃哈哈不仅成立了自己的电子商务公司，还与拼多多电商平台合作，上线了一款名为"呦呦君"的乳酸菌饮料。这款饮料是与拼多多联名定制的，只在拼多多平台上独家销售。由于拼多多重点是以三、四线城市为核心的下沉市场，与娃哈哈的用户群体相当符合，二者的合作取得了不错的成绩。

如今电商已经将线上、线下打通，成为整个商业体系不可或缺的一部分。娃哈哈在成立电商公司时也表明，实体经济和电商二者之间并不是非黑即白的关系。只有依赖实体经济，电商才能走得更加稳健，如果没人制造产品，电商便无货可卖。同时，电商还可以反哺实体经济、增加制造需求。娃哈哈的品牌战略转变证明，只有社交电商新零售平台与线下门店相结合，相互引流拓客，才能实现用户的增长，促使商品、交易、数据和服务的线上、线下深度融合。

传统企业在行业领域有多年的发展经验，产品在业内有一定的竞争力，但社交电商业务减少了中间成本，能够给用户带来更多信任。所以，

在"社交电商+新零售"的风口下，只有拥抱时代，顺势而为，才能实现质的突破。

信息时代，品牌与用户沟通方式和品牌的营销打法也发生了重要转变，开始创造可持续运营的营销IP来输出品牌价值，自有IP、联合IP层出不穷。品牌与优质IP的深度合作，可以打通从内容体验到效果转化的全链路生态，品牌声量、销量两手抓，助力品牌赢在IP赛道。

那么，如何通过IP内容营销传播，最大化品牌价值呢？

1. 精耕内容

创新的内容融合方式，不仅不会让用户产生反感，反而会进一步拉近用户与品牌之间的距离，提升流量转化效率。因此，品牌不仅要找到与IP的契合点，更要找到与IP内容的深度耦合点。通过结合关键赛事、节目、电影、电视、动漫内容等方式，巧妙植入品牌理念。

2. 延伸触点

内容营销时代，品牌的营销诉求也发生了变化，相比简单的流量采买，企业更希望实现品效两端的全面增长。爆款IP能够触达足够多的用户群体，但单一的消费触点并不足以支撑品牌完成从内容场到交易场的流量引导，只有用不同的内容消费场景，通过不同数字资产组合进行曝光，创新数字文创文化产品，品牌才能扩大营销半径。

3. 长期合作

流量不是万能之匙，坚持内容营销的长期主义对品牌来说至关重要。对IP内容营销而言，品牌与IP建立长时间持续合作内容与产品关系，深度绑定品牌和IP，就能持续增进用户对品牌的感情，培养品牌对抗周期和时间的能力，产生复利效应。

剥开品牌内容营销的外衣，优质 IP 内容依然是品牌营销的内核，只有选择 IP 化，才能占据品牌营销的关键阵地。但要想在层出不穷的营销创意中引爆亮点，品牌需要持续深耕内容资源，用优质内容挖掘 IP 的更多价值。

模式四：思维突破圈层，迅速占领用户心智，提升品牌曝光度与知名度

一段时间以来，"破圈"一度成为流行词。

董×辉是一位从新东方英语老师转型为直播带货主播的网红，凭借其出色的口才、丰富的知识和幽默的风格，曾经在抖音平台上拥有超过 6000 万的粉丝，直播间的观看人数常常达到几十万甚至上百万人。他以卖农产品为主，边卖货边讲故事、教英语、引经据典，赢得了众多观众的喜爱和信赖。

自 2022 年 6 月以来，董×辉通过在直播间别样的知识带货方式走红后，基本常驻热搜榜。与直播间的嘉宾对话上热搜、去其他地区造访与直播上热搜、上央视接受采访上热搜、在直播间里的互动上热搜……这种情况下，经历行业动荡受到重创的新东方在线，将"东方甄选"推向人前，名声大噪。自 2022 年 6 月走红后，东方甄选基本占据了抖音每月带货榜第一名的位置，遥遥领先其他主播。

他们成功的秘诀在哪里？差异化！即使开始看起来有些异类，直播卖货手法不太主流，但东方甄选和董×辉抓住了核心小众人群，为核心粉丝提供了最好的服务，让粉丝投入其中，进一步做到圈层扩散。

东方甄选的破圈，像是无心插柳的成果，更是差异化战略的奖励。当市场急需发现新的直播领军者时，风格独特、不刻意卖货、又有巨大新东方品牌效应积累的东方甄选就被选中而破圈。

破圈本义是指某个人、某个作品、某个品牌突破原有的小圈子，被更多的人知道或接纳。破圈概念早期多用于粉丝圈或演艺圈，现被广泛用于各种场景。本文的破圈，是指某个品牌、某件事情、某款产品、某个作品，通过营销手段突破固有的用户圈层被更多人知道并认可。

破圈是品牌快速提升知名度、抓住新增长点的有效手段。很多时候，我们评价一种营销行为成功与否，标准之一就是破圈与否。

判断一个品牌或一场营销活动是否真正破圈，关键在于其是否突破了原有用户圈层并在更多圈层得到广泛传播。简言之，就是知名度突然高了、爆了、出圈了、路人皆知了。如果品牌已经在某个圈层建立了强大的竞争力、拥有很高的渗透率和认可度，就应该走出舒适圈，积极尝试破圈之道。

常见的破圈维度有场景破圈、功能破圈、人群破圈和文化破圈四种，这里做简单介绍。

1. 场景破圈

场景破圈，主要是冲破某个品牌固有的品牌联想以及产品的固有使用场景，然后去挖掘新的场景，培养新的消费习惯。比如，巧克力是深受用户喜爱的美味甜食，通常被作为休闲零食来食用；然而，士力架巧克力中添加花生夹心，制成一种热量型巧克力，并创造出"饿了就吃士力架"的新场景。再如，鸡尾酒以约会、派对、商务等社交场合消费为主，RIO 微醺却打破单一酒基的束缚，凭借不同果汁和鸡尾酒的多样化组合，引领了一个全新品类的诞生。同时，洞察到年轻人独饮且快乐的生活态度，开辟了微醺"一个人的小酒"的全新场景。

2. 功能破圈

随着用户需求的不断迭代，企业必须正确应对市场需求才能保持竞争力，功能破圈是最贴合用户实际需求的一个方向，能够改善用户的生活质量或便利性。比如，以前的体重秤多用来体检、测体重，最多用来临时称日常物品。但随着人们对健康问题的重视，发现过多的脂肪会影响人体健康，导致糖尿病、心脑血管疾病等。如此，不仅能称体重，还能测量脂肪、水分的人体脂肪秤应运而生，并受到了大众的欢迎。

3. 人群破圈

人群破圈是比较好理解的，就是某个品牌发展到一定阶段，需要让原本不知道某品牌的人群，知晓并体验该品牌，从而占据增量市场。比如，近年来 B 站的发展，从《后浪》宣言到跨年晚会，就是典型的人群破圈效应。B 站成功打破二次元用户的小众圈层，面向更多元、更丰富的大众圈层。

4. 文化破圈

文化破圈不再局限于某一个产品功能或使用场景，而是制造了一种可以引发强烈共鸣和归属感的社会意识形态，人们都喜爱它，都觉得它懂自己。比如，白酒文化在国内有悠久的历史，大众对白酒的认知一般都是商务酒，没人会质疑这个既定的事实，江小白的成功就是一种典型的文化破圈。江小白把白酒变成了年轻人排解情绪、直面情绪的事物，并通过一系列的文化 IP 成功破圈。

下篇　个人IP的引爆

第七章
创新思维，打造个人IP

关键一：唤醒个人IP的品牌意识——成长始于觉醒

成长始于觉醒，成功始于坚持。在实现超我的理想道路上，心有多大，舞台就有多大。

只要不自我设限，具有强大的自我向善、积极向上的能量气场，无论你是职场打工人还是创业老板，都可以通过打造个人IP品牌来提升影响力，把自己的价值放大10倍、甚至100倍！

刚开始，我将自己定位为创业导师，虽然有很多内容想分享，但很少有活动举办方会邀请我，我也想抱着学习的心态去看看，但他人根本就没感觉到我的存在，更不会提供舞台让我去分享。我不想总这样默默无闻，决定打造自己的IP品牌。于是，我开始了主动努力，做了下面这些事情。

（1）桌台、桌牌。我制作了一张牌桌，将它摆在公开的地方，然后拍照、发朋友圈，目的是告诉他人我的圈子和能量。有人会觉得我很真实、坦诚。如果在合照时我被安排在第二排或第三排，那我就会跑到第一排，合照结束后，再回到第二排。这样，他人就会觉得我在这个活动里比较重要，下次可能就会邀请我。所以，地位也需要自己去争取。当然，也可以让嘉宾去提一下你的名字。自己说是自说，他人说是他人说，从自己说到他人说，是植入自己 IP 的一个重要方法。

（2）我的名字。从 IP 角度来说，名字一定要好记，有利于降低记忆成本。其实，我原本并不叫这个名字，后来用王九山的名字出了一本书叫《微商引流爆款实战宝典》，然后就将名字改成了王九山。理由主要有以下几个：

①山。名字是形体类的，有具象，比如，七匹狼、天猫、飞猪，就带有这种具象；再如，苹果手机，也是有形体的。为何会用"山"？因为我比较喜欢在山水间游玩，"山"这个字也体现了厚重的意蕴，最重要的是，我全靠自己打拼，自己做自己的靠山。

②九。因为 9 是 3 的 3 倍，"一生二，二生三，三生万物"，9 还是阿拉伯数字里最大的，我希望自己取得更大的成就，成就更多的人，帮助更多的人，成为更多人的靠山。"王"是我的姓，无法更改，于是就有了"王九山"这个名字。事实也证明这个名字确实不错，已经得到很多人的认可。

（3）善用道具。要想达到重复传播的效果，让别人记住你，就需要借助道具。

①座位。扇子的作用是：不管我坐在哪里都易让人印象深刻，别人可能记不住我的长相，但他能记住"王九山"这个名字，将来跟他谈业务

时，我就会非常轻松。

②扇子。我定制了一把扇子，更有创意，更有厚度，更有深度，更有传播力，更容易形成记忆成本。没见过的人，很容易被新认知的内容征服。虽然扇子只售卖几元甚至几十元，却能达到几百、几千、几万元的效果。我的脸他人未必记得住，但我不管春夏秋冬，手里都会拿着一把扇子，这样就会形成一种标签。

（3）旗子。拍照时，手里拿一根条幅，展示"放弃不难，但坚持一定很酷"的内容，给人一种欣欣向荣、积极向上的印象，激发斗志，让别人觉得，王九山虽然是一个普通的草根，但他很努力，值得肯定。当然，也可以将你的业务做成宣传册，打印出来，里面放些资料、合同、宣传单页等，比较严谨、正式、权威、专业，更有说服力。

（4）聚会。为了制造更多交流的机会，我经常跟大家聚会，然后拍照，打造我的IP，让别人认识到我的能力。当然，手里拿着扇子，身边站着几位大咖，也可以提升我的人气，扩展我的社交圈。

（5）用自己的照片当封面。我把自己的照片放在宣传册里，做成封面，增加了自己IP的能量值，让我的IP看上去更值钱。

（6）跟名企合作。跟比较知名的企业家合作、合影，可以给你加分。比如，我们不仅和娃哈哈合作过，还跟国外的名人合影过。

（7）线上社群。我的身份是创业导师，在线上社群中，我可以进行知识输出，赋予别人价值。

（8）形象照。拍形象照，把自己的高光时刻、能量及优秀的一面展现给别人，立体化地展示，让别人了解我们。

（9）表情包。做个自己的表情包，立体化地展示自己，让别人觉得你更加亲切。

（10）用自己的名字命名品牌。比如，九山传媒、九山引流俱乐部、王九山全网霸屏……这些命名都是我们自己的品牌，得到了更多肯定，扩大了我们的影响力。

此外，还有制作手提袋，把IP印在手提袋上；联合举办行业大会；和明星合作或合影；当主持人，提高行业地位；社群大会专家组筹备会；参与落地授权仪式；参加行会，混个脸熟；演讲，将自己的名字宣传出去；做公益，为社会做有价值的事情；做专访，当主持人，做论坛。

同时，我还做了以下努力：用我的名字来命名一些我总结出来的理论；参会时积极引导大家；和不同的专家一起讲课；把我的IP做成展架，放在现场，形成视觉冲击；以我的名字命名专访，把我的签约合影放在一张海报上；参加一些同行的开业庆典、仪式等，增加自己的热度；以我的IP为主题制作易拉宝……

事实证明，我们的这些努力都没有白费！

做项目不如做个人品牌，更不能把个人品牌当成一个项目去做。因为只要拥有个人品牌IP，就能吸引粉丝、吸引流量、吸引用户、吸引资本，吸引所有能帮助自己的资源。用户会慕名而来，产品由你定价，商业规则由你说了算，用户都听你的安排。简言之，只要有了个人IP，就能被更多人信任；有了信任，想提高转化率还不容易吗？

1. 打造个人IP的价值和影响力

（1）提升价值。有了个人IP，可以提高自己的知名度，提升自己的价值，粉丝也更容易认可你，更愿意了解你。如果你要创业，在垂直领域坚持打造自己的IP，就能逐步在行业扩大自己的影响力，促进项目的顺利开展。

（2）用户信任。打造个人IP是树立个人信誉和口碑的过程，持续的价值输出，有助于获取目标用户的信任，更容易达成目标。在互联网上，很多目标用户都是来自各地的陌生人，如果没有IP做背书，目标用户对你就会很陌生；没有信任感，用户还会有防备心……而在互联网上创业，获取用户信任是必须的。

（3）提高影响力。个人IP品牌能提高你的议价能力，也就是实力和影响力。创业和就业时，个人IP品牌是一个被公认的筹码。调查显示，行业领军人物的商业价值，要比同业普通专业人士高8倍；在区域小有名气的专家，商业价值要比普通人高达4倍。同样的劳动付出，即使价格更高，用户也更青睐个人IP强大的。

（4）创业必备。互联网时代是一个IP可以创造奇迹的时代。个人IP可以被无限放大，个人品牌可以让更多普通人成功，成功打造个人IP，已成为时下创业的一种低成本选择。

2. 打造个人IP品牌的价值思维

（1）垂直领袖。这是一种主流的个人IP形象模式。简言之，就是垂直细分领域深耕，成为这个行业的个人意见领袖。垂直行业意见领袖IP很有价值，人人向往，往往具有这样几个特点，如表7-1所示。

表 7-1　垂直领袖具有的特点

特点	说明
可输出内容，有话语权	具有持续输出有价值内容的能力，在自己的细分行业有话语权，可以在潜移默化中影响粉丝的心智，逐步树立在细分领域中的权威
容易与粉丝建立长期的联结	容易与粉丝建立长期的联结，可以增加粉丝的信赖感。对于粉丝来说，获取需要的内容是建立联结的基础，要想让粉丝关注IP，前提是获取自己需要的细分行业内容。这个IP聚拢的粉丝是比较精准的粉丝，具备较高的商业价值，粉丝愿意为IP付费，此IP具有较好的变现能力
容易进行良性循环	平台需要大量优质的垂直行业IP标签来分配流量，垂直深耕的IP更容易被平台识别，获得更多精准流量，粉丝转化率更高。如此，垂直细分领域的IP就可以进行一个良性循环，不断有精准粉丝流入，不断提升影响力，形成"优质创作—粉丝变现—铁粉捧场—精准吸粉"的良性循环

（2）知名人物。知名人物一般自带IP，具有强背书的优势，他们可以把自己塑造成某个领域的意见领袖IP形象。这种IP因为有知名人物的强背书支撑，内容输出不受局限，要想不断增加粉丝，需要把自己打造成符合粉丝期待的IP，提高粉丝对IP的持续关注和追随。这个IP较稀缺，因为知名人物的背书不容易获得。

（3）线上专家。这个IP更多是本人在线下就是专家，具有一定的知名度和影响力，转移到线上，自带流量，自带粉丝。专家IP虽然有线下背书作为基础，但内容的持续输出也很重要。不过，粉丝在线下对专家的认知可以转移到线上，但并不代表专家IP能够用线下带动线上。线下和线上的IP打造是两种模式，良好的线上IP内容输出，也会吸引线上的粉丝加入，吸引平台给予流量导入。

（4）伙伴形象。这种IP记录自己真实的生活或工作，比较富有代表性的是 vlog 视频作者，让人感觉很真实。创作的领域很广泛，比如旅行、创业、农村生活、美食等，都很受欢迎。这种 IP 作者有一定的人格魅力，运营之初个人要定位人设，贴近目标群体，IP 本身代表的就是这个目标群体，粉丝可以在他们的工作和生活中找到自己的影子。需要注意的是，要带给粉丝真实性，真情实感，让粉丝见证你的成长，见证你的努力和梦想。

（5）分享劳模。这种 IP 是分享内容的劳模。互联网时代不缺内容，但缺少把某个细分专业领域的内容收集、汇总，并且用合适的方式输出给粉丝的人。不断地收集内容，不断地输出，是新人打造个人 IP 的主要途径，无须任何背书，只要掌握基础的内容收集、编辑和制作等技术，就可以正式开始分享。他们不生产内容，只是内容的搬运工。每个平台上都有很多这样的 IP，只要精准定位，不断坚持，一个 IP 账号很快就能发展起来。这种劳模 IP，更值得尊敬，是人们学习的榜样。

关键二：明确 IP 的定位——自我认知清晰，明确方向与目标

IP 的定位可以从身份、价值和形象三个重要方面告诉他人：你是谁？你可以给别人带来什么价值？通过哪些具体方式来展示你的价值？只有自我认知清晰，才具有明确的方向与目标，才能确定实现目标的具体行动策略。

1. 价值定位

输出价值、放大价值是打造个人 IP 的底层逻辑，个人 IP 的打造要围绕"价值"进行。所以，打造个人 IP 的首要定位就是价值定位。

价值定位也叫优势定位，即找出你的优势和价值。一般来说，你的优势就是你的价值所在。比如，资深电商从业者的优势是掌握了大量的电商知识，通过 CPA 考试的人的优势是拥有成功的备考经验，连续创业者的优势是对于创业这件事驾轻就熟……针对优势进行内容创作与价值输出，就可以成为电商导师、CPA 学长、创业导师、IP 操盘手……

那么，如何确定你的优势和价值呢？可以试着回答以下六个问题：

（1）你能解决哪些关于社会、行业、人群的问题？

（2）你最了解哪个行业？

（3）你最了解哪些群体？

（4）你做过的最成功的事是什么？

（5）你掌握得最好的一门技能是什么？

（6）你最大的兴趣爱好是什么？

每个人都有自己独一无二且最大的一种优势，这就是 IP 的原生价值所在。好的 IP 能扬长避短，充分发挥自己的最大优势。

2. 内容定位

一个 IP 能否确立并长期稳定地占领用户、粉丝心智，依赖于可持续输出的内容。没有内容输出支撑的 IP，不能被称为 IP。从本质上来说，内容定位就是将你的价值或优势转化为特定的文字、图像、视频、链接和互动,实现与目标群体的对话。内容定位的过程主要包括：首先,确定内容方向、厘清内容框架、找到内容形式；其次,测试内容并优化迭代。

IP 出镜的每一帧每一秒都不是随意设计的,涉及的每一环节都很复杂。比如,对于要表现出来的内容形式,要考虑到 IP 出镜的场景、场景的色调、IP 的出场、道具的应用等。

此外,内容定位还要注意以下事项：

（1）内容要从最大价值中提炼。最擅长什么就说什么,先讲最擅长的内容。

（2）内容要基于产品或业务。每一条内容都是产品或业务的广告。

（3）内容要追求创作输出成本低、频率高。创作成本越低,可持续性越强。

（4）内容要依据平台特性而创作。入乡随俗,要符合平台的语言与氛围。

3.产品业务定位

无论流量大小,都需要产品或业务来承接,否则,IP 就是一个空架子,无法产生任何商业价值。产品业务定位是个人 IP 真正产生商业价值的关键所在,如果缺少了这一步,盲目追求涨粉、完播率等,都是徒劳。

在业务战略定位的基础上,将其重新理解为产品业务定位,即确定一个 IP 的变现产品和业务有哪些,精准建立变现方案,就能为企业家、创业者提供个人 IP 解决方案,产品或业务就是用户问题或需求的解决方案。

所谓产品业务定位,就是为目标群体的某个问题或需求找到解决方案。解决方案可以是实物的，也可以是虚拟的。常见的个人 IP 变现产品和业务包括：

（1）销售实物产品。可以是自家的，也可以是别人的。

（2）付费咨询、答疑。形式可以是单次咨询或长期包月。

（3）销售课程或笔记。形式可以是直播课、录播课、社群课等。

（4）社群，即人脉圈，也可以跟其他产品相结合。

（5）广告收入。包括平台收益与品牌方。

（6）项目合作。可以是招商加盟或投资。

（7）间接收益。比如名誉、机会等。

4. 营销动作定位

打造个人 IP 就是营销自己。一个优秀的个人 IP，不仅需要拍视频、发笔记、做直播等，还需要采取更深层次的营销动作定位。

所谓营销动作定位，就是在确定个人优势的基础上，为 IP 量身定制适合的 IP 营销策略和活动，包括链接动作、圈粉动作、破圈动作等。

（1）链接动作。通过拜访、主动咨询等方式，优先与行业的领军人物进行联结。

（2）圈粉动作。与粉丝进行深度交流，培养铁粉。

（3）破圈动作。与相同目标群体的其他行业 IP 进行合作。

关键三：制订行动计划——自强不息者，厚积才能薄发

个人 IP 行动规划，对内就是自我精进、奋发图强，这需要经历一个"高筑墙、广积粮、缓称王"的长期积累沉淀的过程。

自强不息者，厚积才能薄发！精进的方法主要包括以下五种。

1. 热爱读书

每周读 2 本书，坚持写读书笔记，或创造机会进行读书分享。塑造个人 IP 是一项系统工程，阅读在其中起重要作用。通过阅读，可以建立稳定的个人符号和个性价值观，并在实践中生成可传播的故事，从而形成独一无二的个人人设。

阅读虽然不能直接让一个人成为 IP，但在成为 IP 的路上却离不开阅读。阅读可以从以下两方面提供帮助。

（1）寻找个人 IP 角色定位。要想塑造 IP，首先就要找准定位。这个定位可以是市场的需要，也可以是个人的理想追求。

（2）构建故事和符号。确定了自己的角色定位，只是有了一个虚构形象的壳子，还需要把它的里里外外都填实，才能真正变成自己的角色形象或者个人符号。以创作家庭教育内容为例。要想成为教育行业的研究与实践专家，就要知道家庭教育的理论有哪些？最新育儿理念有哪些？著名的

家庭教育专家有哪些？他们有哪些独特的育儿观点？这就需要阅读相关文章或书籍。

总之，对某个领域的个性化价值观一定是自己独有的，而这种独有的观点要建立在对已有价值观的认识和理解的基础上，这就离不开阅读。

2. 善于复盘

每天要比别人多工作 2 小时，运用技巧学会复盘，形成书面的计划总结报告。

复盘，原本是一个围棋术语，也称"复局"，指的是对局结束后，复演该盘棋的记录，检查对局中招法的优劣与得失关键。简言之，复盘就是每次博弈结束后，双方棋手把刚才的对局再重复一遍，加深对这盘对弈的印象，可以找出双方攻守的漏洞，提高自己的棋艺水平。围棋高手都懂复盘。

同样，要想创新思维，打造成功的个人 IP，也要重视复盘。以下四步可以帮你轻松完成复盘。

（1）回顾目标。复盘的第一个重点是目标清晰，要符合 SMART 原则，明白自己做事要达到什么目标。只有制订切实可行的计划，才能达成人生目标，尤其是用数据来体现你的成果，要量化你的目标。比如，计划本月写 12 篇文章，但实际写了 11 篇文章。有了这个目标，在事后复盘时，才能清晰地知道自己的行动现状；只有用具体的数据结果对应目标，才能进行有效的评估。

（2）评估结果。多数人复盘时，只关注结果的好坏，不会反思背后的原因，无效复盘由此产生。总结是对结果的好坏进行分析，而复盘的价值是对产生结果的原因进行分析。明确了目标，就能知道要做成什么样；有了数据，就可以知道自己做得怎么样。比如，计划写12篇文章，实际上只写了11篇，没有完成目标，这是总结。为什么没有完成目标？因为写作打卡的时间晚，导致上传平台打卡的链接失效。复盘最忌讳的是凭感觉判断，觉得自己做得差不多，没有衡量标准，无法形成精确的指导。而数据是最好的评估支持，复盘的时候数据可以作为判断依据。

随时记录每日、每周、每月、每季度不同阶段的数据，能为复盘做好准备。在制定目标时，要列出各种计划，这些都需要数据支持；没有数据，计划只能是空想。

（3）分析原因。复盘就是从记录中提取自己的思考，积累行动的经验，让自己的经历留下痕迹，从自己的经历中获得未来行动的指导原则。在计划执行过程中或执行后，要检查执行情况，查看是否符合计划的预期结果，分清哪些对了、哪些错了，明确效果，找出问题。这时候主要思考两个问题：第一个问题是，目标是否合理；第二个问题是，执行过程是否偏离目标。有目标，有结果，将二者进行对比，就能够分析出可能的原因，并在下次行动时改进。

（4）总结经验。从本质上来说，所谓复盘，就是从过去的经验中学习，指导下一步行动。不断地总结经验，就能知道自己下次行动时需要改进的地方，以及可以继续保持的地方。总结经验时，一方面，对成功的经验加以肯定，并记录下心得；另一方面，对偏离目标的部分进行纠正，对失败的教训也要及时总结，并引起重视。复盘是一个持续积累的过程，一次可能只改善一点，久而久之，自己对问题的把握就会越来越精确。

3. 外部交流

也就是说，要经常参加外部论坛会议，要认识专家高人名师，进行学习参访互动交流，提升学以致用的沟通能力，经营好圈子。

如果某人的言谈举止被大众所认可，而你也对其心生敬佩，不妨认真地观察他的一言一行，并加以效仿。要知道在什么样的场合应该说什么样的话，看看你所敬佩的人是如何对待长辈、同辈和晚辈的，这是你首先要学习的地方。此外，在参加聚会、晚宴时，还要留意他们的表现，仔细观察，认真学习。待人接物时要处处小心，无论是表达敬意还是发表评论，都要点到为止；做事时要讲究分寸，即使想表现得更好，也需谨慎行事。

常与优秀之人交往，即使没有任何行动，也会在不知不觉间提升自己的人格和品位。只要认真地向他们学习，在不久的将来，你也能成为与之同样出色的人。永远不要抱怨自己的身边没有可供学习的优秀人才，只要你仔细观察就会发现，再平庸的人也拥有闪闪发光的优秀品质，只要择其善者而从之，就一定能完善自我、超越自我。

4. 积极运动

身体与思想总要有一个去远行，坚持体育锻炼，不起眼的步行也有利于身体健康，而强健的身体是你打造 IP 的特质基础。这里推荐三种运动项目。

（1）游泳。游泳是一种很棒的锻炼方式，它不仅能锻炼身体的大多数肌肉，还可以提高心率，有益心脏健康，并减缓大脑衰老；游泳时身体的各个关节承受的压力都很小，这对关节炎患者有好处，因为关节的负重较小。此外，游泳还能有效刺激内啡肽的分泌，帮助人们缓解日常生活中的压力；游泳还能使人们镇静下来，排除外界干扰，变得更加专注，降低紧张和抑郁的程度。

（2）力量训练。力量训练也叫负重练习、阻力练习，不仅是一项塑造体形的运动，还可以有效增加力量、改善情绪、保护心脏健康等。力量运动包括仰卧起坐、举重、引体向上、俯卧撑等。身体健康的成年人应该定期进行阻力、力量训练。

（3）步行。走路听起来似乎有些微不足道，却是有力的"药物"。多项研究表明，即使以中等或悠闲的速度行走至少 30 分钟，也会促进大脑和身体的发育。研究发现，60~88 岁的成年人，每周 4 次、每次连续步行 30 分钟，12 周后大脑区域的连接性就能得到增强，而该区域的连接减弱与记忆力下降有关。另外，针对重度抑郁症患者的初步研究发现，连续 10 天在跑步机上行走 30 分钟，可有效降低抑郁程度。如果你目前尚未形成定期运动的习惯，完全可以从走路开始。

关键四：修炼内功，落实计划——提升自我的知识储备、技能水平

在实施个人打造IP的行动计划时，要不断地修炼内功，提升自我的知识储备和技能水平，只要花费5~10年时间，多数人都可以在35岁前初步实现两个基本目标：

1. 专业精进

即成为本行业、领域内的专家，或者达到一定的职业技术等级。当然，个人标榜专业，是需要底气的。这种底气，往往来自见识和阅历，也来自不断成长的自驱力。精进这条路虽然没有捷径，但走向专业精进的路上，以下方法可供参考。

（1）向书本学。三百六十行，行行有经典的书籍，虽然不需要像从前的科举那样遍读四书五经，但精读几本经典还是很有必要的。因为多数专家都不是从零开始自省自悟的。

（2）向大师学。这里指的是真正的大师，如科特勒之于营销，德鲁克之于管理学。每个细分领域，国内外都有若干独具影响力的专家。在网络发达的今天，完全可以接触到这些大师或专家的最新观点。向大师学习，就能了解该领域的前瞻思考。

（3）向标杆企业学习。现在很多企业都在搞对标，要修炼内功，也要

主动去找值得学习的标杆企业和标杆实践。比如，谷歌的 OKR 管理模式、小米公司的互联网思维等就是标杆学习的典型案例。

（4）向自我实践学习。个人成长精进，说到底，还是要靠个人的实践锻炼。通过复盘，就能对照目标找到自己的问题，继而总结一定的经验。是否在同一个地方摔跟头，决定了个人的成长加速度。

（5）向同行学习。在专业成长中，同行之间的交流能带来经验的借鉴和创意的启发。要舍弃闭门造车的旧习惯，只有从多种方案中选出最优的那几个，才能不断取得更好的成果。

（6）向学员学习。在管理实践中，邀请管理者和专家讲述专业知识，是一种非常重要的辅导方式。知识需要梳理，需要系统化，同时，也需要用生动的语言向他人阐述、传授。这个过程不仅是对专业知识的深化，还能从学员处获得反馈。因为学员的背景不同，往往能提出新的思考视角，对于丰富专业知识大有帮助。

（7）向用户学习。专业人士有时候会陷入专业的陷阱，这样只能离用户越来越远。这样的专业其实就是一种负价值。我们必须以用户为师，基于用户需求提升专业度。因为用户既是问题的提出者，也可能是解决方案的贡献者。树立以终为始的理念，对于专业精进非常重要。

2. 职业晋级

即成为所在组织的核心部门的高级经理，或者总监 / 副总及以上高层管理岗位，或专业技术方面的高级人才等。职场的晋升机会从来都不是等来的，也不是说只有职位出现空缺的时候才有机会上位，它需要你自己去争取。抱着守株待兔的心态，职业晋升的速度定然缓慢，甚至会妨碍个人发展。

（1）比老板多想一步。人在职场，做好本职工作是本分，如果想让自己的职业成功晋级，就要在工作中比老板多想一步，把工作做得周到，超出老板的预期。李某仅用了5年时间，就从基层做到了中层管理，工资也从月薪6000元一步步涨到年薪30万元。这样的成长速度在职场中是处于中上游的，他的优秀在公司里也是有目共睹的，但优秀并不是一蹴而就，他之所以能够给老板和同事留下优秀能干的印象，很大程度是因为他做每一项工作的时候，总能比老板要求的做得更好。每当老板给他分配工作任务的时候，他都会换位思考：如果自己是老板，希望员工怎样做？除了老板交代的、期待的，还有哪些是老板没有想到的，并可以做得更好？因此，他最终给出的工作成果，总能让老板出乎意料，觉得他细心、有干劲儿、有能力。

（2）主动向老板要活干。在职场中，有时会出现一些工作不饱和的情况。有的人会"摸鱼"休息放松，把这当作私人时间，其实这种时候，如果能主动找老板要活干，不仅会赢得老板的青睐，更容易获得晋升机会。很多晋升机会，隐藏在职场中，需要我们主动去挖掘，而那些主动向老板要活干的人，更容易触发职场的晋升机会。刘某不仅工作积极努力，而且一有空闲时间就向老板请教，是否有其他需要做的工作，或者可以帮忙的地方。同事看到他表现很积极，聊天时偶尔会提起他：有人说他傻，工资不高还自己找事儿干；有人说他爱表现，喜欢巴结领导。但老板非常欣赏他，不仅会给他安排一些工作，还会教他很多业务知识。刘某很快摸清了公司的业务，也很快成长起来，得到了提拔，成了老板的得力干将。

（3）团队缺人时主动顶上。某项任务很紧急，但人手不够，导致后续工作无法开展，这种时候也隐藏着晋升的机会。在这种关键时刻，如果你能承担起重任，顶上工作或人手的空缺，也很容易得到重用。同事突然因病住院，他的工作无法继续完成。当时整个团队都非常忙碌，成员都是拿一份钱干两份工作，不知要持续多长时间，人事部又不能及时找到合适的人。这时季某出来，主动分担了同事的工作。有些人觉得他傻，因为大家都很忙，根本就没有时间和精力管其他事。季某兼顾同事的工作，帮团队填补了人手紧缺的空当。年底，老板给季某发了一份丰厚的奖金，并将他提拔为项目主管。

（4）支持老板，不回避难题。身在职场，总会遇到一些棘手的难题，有些人会四两拨千斤、回避难题；或者直接缴械投降，把难题丢给老板，寻求解决办法。这种人完全把自己当成一个工具人，作为老板也不愿意提拔这类人。

行走在职场，有时候就像游戏通关一样，解决难题通关后，往往会获得更高的奖励，这种奖励包含能力的提升，也包含晋升的机会。因此，在职场中，无论是遇到难搞的用户、难做的项目，还是其他棘手的工作，都要迎难而上。当老板碰上了难题，也可以主动帮忙解决。

第八章
掌握个人 IP 的主要类型

类型一：故事型 IP

梁凯恩，1973 年出生于中国台湾，现任超越极限集团董事局主席，中国企业家集团董事长，是第一位站在八万人体育馆面对五万人演讲的亚洲演说家。在主题为"如何让世界刮目相看"的演讲中，他从自己的故事入手，将观众吸引过来。演讲内容大概如下：

在十六岁那一年，我问了自己两个问题：为什么我的爸爸妈妈没有经过我的同意就把我生下来？我被生下来到底要做什么？但我没有找到问题的答案，反而钻了牛角尖，得了抑郁症。我高中换了五所学校，最终也只是读到高三没有毕业。

后来，我喜欢上了一个女孩，开始了疯狂的追求。半年后，她却对我说："你知道十年后的你一无所有吗？我没有办法和你在一起！"说完，她头也不回地转身离开。我痛彻心扉。

20岁那一年，我听了一场演讲，之后我决定，我一定要像魔术般改变自己的人生，一定要做出让那个女孩对我刮目相看的事！

23岁那一年，我参加了一个公众演说的培训，全班共有180个老板，只有我是一个业务员，我是最年轻又最穷的业务员。第三天演讲比赛时，我顺利地进入总决赛，拿到了冠军。那天晚上，我拿着冠军奖状，一直睁眼到天亮。因为在那一天之前，我根本不知道自己对演讲是否有天分。巴菲特的天分是投资，乔布斯的天分是创新，周杰伦的天分是写歌，周星驰的天分是拍喜剧，如果演讲是我的天分，如果我能在这个领域成长一万倍，那我的命运会发生怎么样的改变？

1997年，我给自己的人生确定了一个远大的目标，即成为全亚洲最顶尖的演说家，从台北去上海办一场五万人的演讲。当我将自己的目标告诉亲朋好友的时候，有些人却嘲笑我说："拜托，你连高中都没有毕业，怎么去上海？没人认识你，怎么会有五万人听你演讲？"但我没放弃。

比尔·盖茨的偶像洛克菲勒说，任何一个梦想讲十万次它必定能够实现。我决定讲十万次。为了不让自己忘记梦想，也不想让我的梦想被别人的冷水泼灭，我就将自己的梦想录下来，我每天清晨起床后第一件事就是打开收音机听一遍。

2007年，我登上了台北小巨蛋的舞台，面对一万两千人演讲，大获成功。我觉得自己已经准备好了，于是带着40个伙伴，一千多万元人民币来到了上海。结果，前四个月，因为人生地不熟，不仅没做出成绩，一千多万元人民币也被骗走了。辛苦努力了十年，一朝作废。

深夜，我走在上海的街头，看着这个既熟悉又陌生的城市，我问自己，你现在没有钱，没有团队，没有资源，怎么站上体育馆的演讲台对五万人演讲？虽然我什么都没有，但我有完成梦想的勇气，我的勇气可以让我在多次拒绝和嘲笑中继续前进。我又问自己，我为什么要来上海举办五万人的演讲？因为学校老师并没有告诉我们要说出自己的梦想，得到别人的支持并实现它，我决定给大家一个启发，举办全上海最有影响力的活动。之后，我邀请了美国前国务卿鲍威尔将军，励志大师力克·胡哲等人到上海来举办了关于影响力的活动。三年后，我的公司发展成为中国总裁培训界最有影响力的公司之一。

提高了影响力后，我还需要解决一个问题，即规模五万人的演讲最困难的不是卖五万张门票，而是必须拿到举办这个活动的批文。2010年，有人对我说，梁老师你不是会弹钢琴吗？只要你能出一张钢琴专辑，成了钢琴家，就可以站到上海体育馆的大舞台。在钢琴旁边放置一支麦克风，你拿着麦克风来演讲，不就实现梦想了吗？我豁然开朗，立刻去寻找钢琴老师，开始了钢琴的学习。为了尽快出成绩，我每天都会练到凌晨三点半。2010年11月6日那天，我终于有了这样的机会。面对着台下五万六千名观众，我弹奏了自己写的音乐，弹完后拿起麦克风做了自己的演讲，实现了人生中第一个梦想……

（资料源于梁凯恩"如何让世界刮目相看"主题演讲）

为了催人奋进，梁凯恩以切身故事为原型，传达出自己的心声。讲故事，是演说的重要方法，也是打造IP的重要方式。

所谓故事型IP，就是把小说和剧本，包括表演小说剧本，变成大明星的剧本。有故事、有剧情，通过表演的形式向用户传达自己所要表达的情感和想树立的形象。听众一边听，一边跟着你的经历起伏，与故事里的主人公同呼吸共命运，故事里的情绪、理念、使命等都会对听众产生一种潜移默化的影响，让听众在感同身受的同时，在不知不觉中，内心悄然发生变化。

所以在涉猎其他领域的时候，如果没有丰富的想象力，就无法将不同的知识很好地结合在一起。只有想象力才能迸发出让人意外的创新，而这种创新就是个人 IP 的价值所在。

类型二：产品型 IP

所谓产品型 IP，就是围绕人们热爱的产品，延伸出很多情感及相应的消费。比如，DR 钻戒强调对爱的承诺，杜蕾斯突出让爱更安全。产品型 IP 有很强的情感联结和价值传递性，主要优势有以下五个方面：

（1）有效降低获客成本。现在多数企业都面临着流量获取成本上升的问题，流量的价格正在逐渐提高，而且很难找到新的用户来源点。将企业和产品打造成一种独特的符号，就能减少企业的经营压力，提高盈利能力，有效降低用户流失率，为潜在用户提供更加丰富的体验感，激发他们的付费热情，节约企业的获客成本和广告费用。

（2）扩大市场占有率。市场上的同类竞品越来越多，把自己的产品做成一个优质的 IP，就会脱颖而出，成为用户的首选之一。毕竟大家都会选择自己喜欢的那个商品。

（3）建立品牌形象。商家一般都会注重口碑效应，尤其是像食品这种比较特殊的商品，所以在选择合作方时也会考虑对方的信誉度和质量等因素。有一个良好的企业形象作为支撑，更容易赢得用户的信任。

（4）便于后续发展。企业在行业中有了较高的声誉后，会有更多机会接触其他有需求的买家，这无疑会给你的企业发展带来很大便利。

（5）培养忠实粉丝。明星一般都有属于自己的铁杆粉丝，他们之所以愿意为偶像埋单，很大程度上是因为相信对方所代表的品牌和产品品质……同理，如果你的产品是一个优秀IP，自然也会有忠实的用户群。

由于受到市场环境的影响，很多企业的利润越来越薄甚至出现负增长，按照传统的做法销售自己的产品已经无法适应时代的发展，要想获得更多的市场份额，就必须对现有的商业模式进行创新。比如，借助网络工具，精准定位用户需求、提升销量等。

对于拥有核心竞争力的公司来说更是如此。只有不断地强化核心竞争力，才能在市场上立于不败之地。而要想做到这一点，就要利用自身的优质资源，进行整合包装，增强品牌的竞争力。同时，增加用户黏性，进而提高复购率。

那么，什么样的产品适合IP化呢？首先，是可持续性升级换代、具有辨识度的锚点产品。简言之，就是不用品牌词就能让多数用户直接锁定的具体商品。比如，在小红书上非常热门的小白瓶、小棕瓶、红腰子、大眼精华、熬夜眼霜、神仙水，等等。其次，产品要有足够的声量。选择本身就具有足够辨识度和声量的产品赋予情感属性，进行IP化打造，更容易事半功倍。

1. 让产品闪耀着人性的光辉

虽然世界在变、时尚在变、风潮在变，但人性不变。比如，人在某种环境下就会感到焦虑。销售可以缓解焦虑的东西，在不同的时间点，销售的形式是不同的，但只要把握好机会，产品都能卖出去。例如，今日头条和抖音利用的是人对舒适度的渴求，不断推送让用户能够舒适地阅读和观看的内容。

苹果公司是一家做产品的公司，更加重视人的自然本能。比如，开会时，忽然有一个电话打进来，只要把手机往桌子上一扣就能静音。Airpods真正抓住了人的自然行为。它的连接非常简单，推开盖后，手机屏幕上就会跳出提示，显示这个耳机的状态。来电时，只要拿出一只耳机放在耳朵上，电话就会自然接通。耳机里有一个红外传感器，只要将耳机放入耳腔，耳机就会跟手机连接。听音乐的时候，如果忽然有事，只要摘掉一只耳机，音乐就会停止。事情做完了，把这个耳机放回耳腔，音乐会继续播放。这种设计理念就是从人性出发。

2. 帮用户建立优越感

移动互联网时代，任何产品或事物想要流行，就必须具备社交属性。只有用户愿意对产品作出评价，愿意将其转发在朋友圈里分享出去，才能形成规模效应。这种社交属性的价值来自对用户心理优越感的激发。简言之，就是人们使用产品后，会在社交圈里有成就感，确立自己的品位。

比如，豆瓣是一个有浓浓文艺气息的应用，用户在使用豆瓣的过程中，会不知不觉地将自己与文艺青年的身份对应起来，之后在分享过程中一次次地体现自己文艺青年的属性。这种外在标签长时间、高频次地展示，大大激发了用户的优越感。

3.用外部环境激发用户欲望

有时，用户的行为是受到外部环境影响并且无意识发生的，所以，创业者要及时捕捉这个影响力并善加利用，以完成对用户行为的引导。比如，世界杯期间，啤酒的销量很好，这时候用户并不是突然主动地购买大量啤酒，而是无意识地被这种气氛所影响，从而购买啤酒。同样，情人节时的玫瑰花和巧克力、母亲节时的康乃馨、父亲节时的剃须刀等都是这个道理，特定的环境、特定的时间节点，都会影响用户的购买行为，只要善于发现并巧妙利用，就可以获得很好的效果。

4.利用情绪的能量

有些情绪非常强烈，比如愤怒、兴奋、激动等，善于利用这些情绪，让用户的使用和购买行为沉浸在这些情绪里，产品就更容易流行。将具备足够代表性的情绪，跟自己的产品相契合，更容易打造出爆款。

5.制造话题，形成传播

产品的可讨论空间和话题性必须足够大，能够在公众平台上被人们讨论。比如，小米公司在推出MIX手机时，营销时采用了拍照的方式在微博等社交平台上进行传播，用户使用这款全面屏手机，用特定的方式拍照，会呈现出"手机透明"的效果，吸引了很多明星参与其中，拍下自己的照片，在各大社交平台上传播，吸引了大量关注，促进了小米手机品牌重新建立科技属性。

6.用故事来提升传播效果

相比生硬的广告，生动的故事更容易被人们口口相传。为了推广自己的物业，万科就讲了很多故事，比如，业主深夜回家，因为一时疏忽忘关车窗，物业工作人员担心打扰用户休息，就在旁守候，一直等到第二天才敲门告知。如果只强调万科的物业多么专业、有多少经验、背后的运作团队资质如何强大，一般很难吸引人们的目光，当注入故事性元素后，传播则变得自然而高效。

类型三：创始人IP

从董明珠到俞敏洪，企业创始人IP似乎已经是品牌的立足之本，成为企业联结互联网经济的重要资产。如果说传统经济还是企业IP打头阵，到了互联网战场，成功的企业创始人IP能直接带动企业IP，将企业家的私域粉丝转化为企业粉丝，进而刺激消费行为，实现快速变现。

创始人的IP，其实就是将企业主或者店主打造成一个IP，以行业、企业领袖为主，通过媒体传播、峰会论坛、内外部活动的方式制造话题、事件，提升个人影响力，使用户关注创始人，并逐步关注商业理念、企业的产品和服务、个人的思想和价值观，达到营销宣传的效果，为企业创造价值。

2016年，王健林在万达年会上唱了一首崔健的歌曲《假行僧》，有数据统计，只用了三个月，演唱视频的全球点击量达到25亿次。这是一个什么样的概念？这个事件让王健林成为一个超级IP，不仅宣传了企业家的形象，还让其更加真实，更加有血有肉。

此外，还要根据个人的情况进行IP包装。比如，你销售的是护肤产品，可以展示你在护肤上的专业度；如果你销售的是减肥产品，可以展示你在健康管理上的专业度。只要你做到专业，就能为你带来信任感和足够多的粉丝流量。

今天，创始人IP带动的企业品牌矩阵是企业"逆龄转型"的关键，是进入互联网占领用户心智性价比最高、最直接的方式。企业发展遇到瓶颈时，不要急着搭上直播和短视频的快车道去转型，只要创始人"年轻"，企业就能实现"逆龄转型"。

跟上一辈的企业家相比，互联网时代成长起来的企业家更自信、更乐于展示个人魅力，也更愿意和用户进行直接的互动和交流。在直播成为新的营销风口时，提前进行IP定位并完成IP打造的企业家往往占据优势，更容易在直播经济中抢得先机。

在直播间里，产品不能说话，企业也不能说话，只有人是最生动的。年轻用户对消费有更多价值维度体验的需求，单一的产品推广或品牌宣传已经不足以打动他们，人和人面对面的互动更容易建立信任，并快速转化为消费行为。

2022—2032年，是创始人IP崛起的黄金十年，有个人IP的创始人跟没有个人IP的创始人将有天壤之别。个人IP创始人的优势主要体现在以下几个方面：

有个人IP的创始人不缺用户，他们就像站在聚光灯下一样，所有的用户都会在第一时间关注他。

创始人IP会带动整个品牌的溢价，未来品牌溢价最大限度地将得益于创始人个人IP的溢价。

有个人IP的创始人更有话语权。创始人不仅代表个人，更是企业最重要的资产，是企业文化、品牌内涵最好的代言人。企业家只要挖掘出自身优势，把个人优势和企业优势、品牌优势打通，就能形成企业品牌矩阵。

1. 创始人IP的基本故事原型

（1）悲情救赎，即用一个落难的悲情英雄，实现自我救赎。比如，罗永浩在负债累累后转型做直播带货，并成功还钱，完全符合这一故事原型。故事原型有巨大的情感感召力，激发了人们的钦佩心和同情心，只有真正的英雄故事，才能成就一个英雄式的个人IP。

（2）对抗巨人，即一个有梦想的弱小者，敢于对抗无比强大的巨人。比如，雷军在创建小米公司时，处处以苹果公司为假想敌和楷模，甚至因此被人们嘲笑和调侃。但雷军和小米公司确实因此获得了巨大的关注，并取得了重大成功，虽然未必能超越苹果公司，但取得了非凡的成绩。企业家在树立个人IP时，不能只强调自己如何成功，而是要找到自己难以对抗的巨人，强调自己的战斗不息精神。

（3）实现使命，即为了实现使命，一个人或一群人历经艰险。比如，在任正非的个人故事中，就出现了类似的使命。这个故事进一步延展到华为时代，就是不断地寻找更新的技术，包括芯片。当然，不是所有企业家的使命和任务都能让企业家成为个人IP，只有足够高远和有价值的使命，才能成就企业家，也成就世界。

（4）王者归来，即王者贬落凡间，经过反省后绝地反击，最终王者归来。

（5）天真无敌，即讲述一个纯粹、天真、呆萌的人，在命运的眷顾下创造出奇迹。

（6）日常传奇，即一个兢兢业业的人，将日常生活和工作变成了传奇。比如老干妈、喜茶、海底捞等，很多逐步成功的企业都是这样的。不想抛头露面、喜欢低调的企业家就可以采取这种方式。成就个人IP还需要一个条件，就是主角的个性要非常鲜明，作风要与众不同，比如陶华碧，她不仅个性鲜明，且从来不做广告。

2. 正确打造创始人IP

（1）增强识别度，打造差异化。内容具有较强的稀缺性和差异化，用户才能容易地识别出创始人IP的内容。作为企业创始人，用户看到你的内容后，需要很容易地识别出来并留下深刻印象。要想做到这一点，内容必须有自己的个性和风格，而且要适合自己的身份和处境。

（2）精准定位，持续输出。创始人要基于垂直领域的特定圈层人群精准地表达内容。随着时代的发展，各领域越来越圈层化，在追求个性和自我实现的用户面前，内容要精准化、个性化、圈层化，以引发用户的情感共鸣和代入感。创始人IP的打造需要持续、重复、稳定的内容传播，为了持续稳定地输出，需要创始人勤于思考和反思，持续地输入新鲜认知和观点，需要定期产出一些精华性内容，且要保证内容质量的稳定。

（3）视觉呈现，传达价值。IP视觉更容易被看见，也更容易与人产生联结。对于创始人IP来说，视觉形象是IP价值的外在直观呈现，哪里有用户，哪里就出现你的 IP 形象。在形象打造上，情感要真实，设计要适度。创始人的个人价值观对企业的发展异常重要，包括企业文化的形成、企业人才的培养、工作环境的养成、用户的吸引和认同、社会的认同和支持等。

（4）如何彰显价值观？企业创始人对外表达的内容，需要彰显其企业或个人的价值观。这一点，任正非就做得很好。孟晚舟事件、禁令等事件发生后，华为处在一个危急关头，为了让用户理解，让 18 万员工团结奋斗起来，任正非面对镜头向全世界传递了华为的信心、格局和使命。他在很多地方都讲述过"一架伤痕累累但依然飞越战空的烂飞机"的故事，故事内容并不复杂，却把华为面临的形势和战斗意志表现得淋漓尽致。作为一家受害企业，他完全可以痛指美国的制裁手段，但他没有。不仅没有，还客观、冷静、坦诚地告诉媒体和大众，不要做无谓的宣泄。这种处理方式引发了国人的共鸣，收获了一大批华为的真爱粉。

（5）强强联合，成效翻倍。互联网时代很多事物都可以自由跨界，比如内容。内容的跨界，可以生产出更加丰富和多样性的衍生内容，为内容的传播和影响力提供更多可能，可以影响更多的人群和潜在用户。短视频直播平台也经常出现两位博主连线互相推广引流的场景，因为这样可以有效地降低引流的时间成本和精力，提升引流效能，轻松实现 1+1＞2 的效果。

类型四：知识型 IP

知识型 IP，是一种基于个人为中心的商业模式，在未来 5~10 年里，是最适合个体生存发展的商业模式之一。

该 IP 是新媒体时代的产物，从本质上来说，就是个人依靠知识型的内容输出，持续建立个人品牌和版权化商业产品，最终让自己稳定地实现流量的获取和变现。

任何一种商业模式都有两端，一端是流量，另一端是变现。而知识 IP 的核心就是需要通过知识型内容输出来持续获取流量，还需要用属于自己的知识型产品或服务来实现稳定可持续变现，并不断增强变现能力。

事实证明，优质的知识型 IP 可以带来更多价值。比如流量价值、有效连接器、影响力变现。

（1）流量价值。"流量是一切生意的来源"，互联网时代就是流量经济。IP 最大的价值是自带流量，能够利用现有的互联网基础设施，使知识型 IP 可以有计划地输出内容、定向营销，通过不断地积累和运营，将粉丝流量转化为价值。

（2）有效连接器。随着互联网社群经济的发展，知识型 IP 可以建立起与用户的连接，这种连接更有温度、更立体。

（3）影响力变现。知识型 IP 主要是通过输出内容，吸引感兴趣的粉丝。为了扩大传播力，需要粉丝源源不断地加入，需要不断地进行拉新，还需要持续输出有信服力的内容。

1. 知识型 IP 的类型

知识型 IP 的商业模式，是"内容—流量—相关知识产品／服务"的变现。

按照专业程度不同，知识型 IP 可分为三种：专家型、名师型和达人型。专家型知识 IP，需要在某个垂直领域有多年的从业经验，或者已经取得了不小的成就，以自身经验或成就吸引大量的粉丝和追随者。名师型知识 IP 具有强烈的个人特色，一般由企业或平台打造，与企业品牌联系紧密，不仅可以作为个人 IP 的名片，也可以作为企业或平台转化和变现的一张王牌。而达人型知识 IP 就是在某一领域比较精通，将自己拥有的知识传递给接收者。这种知识型 IP 对所在的行业、职业和经验等没有太高要求，只要能够将知识、信息或价值传递给用户，都可以打造属于自己的个人知识型 IP，拥有强大的粉丝数，打造超强的传播力、影响力和生命力。

这里，笔者以郭继承老师的 IP 案例来说明。

郭继承是北京师范大学毕业的哲学博士，现在任职于中国政法大学思政研究所副教授，并兼任中国孔子基金会孔子学堂主讲老师、弘正学堂学术导师、中广联合会文化艺术视听传播委员会副会长等职。他认为，不是每个人一生下来就带着七彩光环，要知道自己在成长过程中学到了什么、是什么塑造了自己。因此，我们必须用最优秀的文化和智慧去启发年轻人。

顺应知识付费经济、消费升级时代的大趋势，郭继承老师将自己的智慧、思想和知识通过移动互联网进行了广泛传播。他以家庭教育为起点，最终形成了一个能让人身、心、灵获得全方位成长的知识分享系统，听过他讲课的学生不计其数，视频转发和点击观看的总数累计几亿人次。

郭老师对"中华上下五千年智慧"进行了深度解读，他将古今融合在一起，听众不仅可以聆听一场文化与智慧的盛宴，还学会了思考。

郭老师的智慧常令人有醍醐灌顶之感，让无数人为之震撼与感动。他用通俗的语言解读圣贤智慧，引导无数陷入困顿的人走出来，引导他们从"心"出发，成为他知识的受益者。

2. 打造知识型 IP 的方法

要想打造知识型 IP，可以通过以下步骤进行：

（1）定位。要想打造知识型 IP，就先要为特定用户提供解决方案。首先，要根据自身的外在层、角色层、资源层、能力层和初心层，明确自己的认知和定位，找到自己擅长的人设、技能和领域。其次，匹配特定的用户，确定知识定位、人群定位和人设定位。要想做到这一点，就要拥有一定的知识和技能，具有依靠平台变现的能力；要站在用户的角度产出知识，熟知他们的痛点和需求点，提高写作能力、语言表达能力、直播表达能力和现场掌控能力，找到适合自己的宣发渠道。

（2）精进。任何领域专家的成就，都离不开时间的积累和精进。首先，要具备足够的知识储备，找到最具优势的领域学习，多维度地吃透一类垂直细分的知识，避免碎片化学习，不断积累。其次，让自己学到的知识得到运用和流动起来，使其产生价值，比如，日常社交分享和商业实践。为了充分掌握某一知识点，可以进行模块化拆解并逐一研究、延伸和补充，实现知识从外部输入、精益求精到落实践行、内化创新，从而构建完善的知识体系。

（3）输出。即打造并输出完整的知识体系产品。在某一垂直领域沉淀了丰富的知识储备，然后形成自己的原创内容，打造完整的知识体系。首先，要坚持差异化、市场化、专业化、多元化等原则，提高内容的核心竞争力，保证知识的深度、稀缺、有趣和实用。其次，要根据不同的场景设计不同的知识，把内容融入用户熟悉的场景。比如，写书需要系统化知识体系，写文章需要高浓度的碎片化知识，经营社群需要把系统化的知识分割成若干模块。此外，还要持续向外界传递价值，不断积累。

（4）占位。即多平台抢占某一领域的头部市场。内容的表现方式有图文、音频、视频和直播等，要熟悉各大平台的运行特点，对内容的表达方式进行场景处理，尽可能地利用自己擅长的方式触达目标用户人群。一方面，要组建新媒体矩阵，将线上线下占位分发渠道充分整合起来；另一方面，要走社交分享路线，创新知识产品组合策略，多角度链接、扩大占位面。

（5）爆款。知识爆款可以形成焦点，引来关注、积累粉丝，是IP的转折点。要想打造爆款，首先，要拥有足够大的用户基数；其次，要设计能够满足用户实际需求的优质知识产品，比如工具类、社群类、技能类等内容；再次，把握行业风口，得到行业贵人的指导和帮助；最后，采用不同的内容表现形式，比如图文、音频、视频、直播等，通过匹配的分发平台传播出去，以便获得更多机会。

（6）人格。真正优秀的知识型IP都是富有魅力的，散发着个人能量，对他人充满了吸引力。这种魅力是一个IP辨识度和信任力的来源，努力从知名度、使命感、辨识度和信任力等方面来塑造自己的人格魅力，才能建立强大的号召力。首先，向外输出的内容要充满正能量，积极向上、符合趋势，并兼顾实用价值。其次，有目的地提高高清晰的人格辨识度，保持人设标签、表达风格和传播载体的差异化。最后，利用适合的媒介渠道，进行推广造势，并积累一批铁杆粉丝。

（7）社群。社群是一群志同道合的人的聚集地，是联结信息、服务、内容和商品的载体。作为联结IP和用户最短的路径和最经济的手段，社群不仅联结着IP和用户之间的利益关系，还有情感关系。知识社群主要以分享和传播知识为主，是打造知识型IP的重要渠道。

除此之外，知识还可以演变为多种产品形式，比如书籍、课程、培训、咨询等；也可以充当流量转化的抓手，比如，在前端进行免费知识分享，在后端进行社群会员变现或电商带货变现。

第九章
得到属于你的 1000 个铁杆粉丝

要诀一：主动与粉丝互动，吸引他们的注意

永和大王是中国台湾著名豆浆餐饮连锁品牌，享有"世界豆浆大王"之美誉。

永和大王 1995 年在上海开设了大陆的第一家餐厅，2004 年，永和大王加入快乐蜂餐饮集团，成为其在中国的最主要品牌。如今，永和大王已在上海、北京、深圳、武汉、杭州、南京等全国约 50 个城市，开设了 300 多家餐厅。即使在 2022 年特殊时期依然逆势拓店 64 家，实现了门店数量和业绩的逆势双增长。永和大王是如何做到这一点的呢？

近年来，为了转型，众多老字号餐饮店都被贴上"贵""服务差""口味差"等标签，而永和大王在用户心目中的品牌定位已深入人心。永和大王内部设定了严格的产品口味、出品的标准、分级和评审系统。比如，在产品研发上，永和大王确定了自己的评分标准，必须在用户调研中获得 70% 以上的认可；要求产品价格的用户接受度，必须大于 50%；以用户零

差评为目标，若某个门店的差评率超过千分之一，便要接受评估和整改。

为了增强粉丝的黏性，让粉丝拥有良好的阅读和交流体验，个人IP保持着良好的互动。很多粉丝都愿意在作品下面评论留言，永和大王会挑一些比较好的评论进行回复，不仅能获得大量的忠实粉丝，因为作品互动量较高，还能获得系统的推荐。为了打造专属IP，永和大王利用辨识度高的标语和周边产品来打造，吸引更多用户，不断地吸引粉丝导入流量。接收信息时，会产生观看、点赞和评论等反馈，博主和粉丝也能在评论区进行交流，拉近了人与人之间的距离，也带来了良好的用户体验。

良性互动是一种积极有效的互动，能够反馈粉丝的意见和建议，及时解答粉丝的提问和困惑，化解你和粉丝间的冲突和矛盾，促进你和粉丝之间的共识和情谊，传播你的思想和理念，提升你在粉丝心目中的形象和地位。因此，个人IP账号要保持良好的互动性，增强粉丝黏性，让粉丝拥有良好的阅读、交流体验。那么，如何与粉丝互动呢？

（1）及时回复。在第一时间积极地、有效地、及时地回复粉丝的评论、提问和意见、建议。如果不能在第一时间回复，也不要超过24小时。如果超过24小时再回复，可以先致歉，或简单说明一下未能及时回复消息的原因。

（2）认真倾听。互动的时候，先做一个耐心的倾听者。在某些问题上，不要先入为主，要先听粉丝把话讲完，再进行劝解和开导。

（3）注意语气。无论是写文字还是用语音，一定要和蔼可亲，不要盛气凌人或咄咄逼人；不要以长者和达人的身份来压制人，更不能对粉丝发号施令。

（4）合适的方式。在社交软件上，与粉丝互动聊天，尽量用文字；在社群里，如果要讲课，尽量发语音。

（5）换位思考。不要把交流当成说教，要多倾听粉丝的心声，要设身处地为粉丝着想。交流过程中，一定要换位思考，要站在粉丝的角度看问题，切勿站在粉丝的对立面。

（6）谆谆教导。要循循善诱，通过线上交流消除分歧意见，加深自己与粉丝之间的关系，让粉丝更加认同和欣赏你，更有归属感和受益感。

（7）把控距离。你和粉丝的关系再好、走得再近，也要给自己身边设置一个无形的屏障——让粉丝觉得你可以亲近，但又不是触手可及。

（8）注意分寸。不要说污言秽语，不要满嘴谎言，注意与粉丝之间的边界。

（9）信件公开。开设一个公开信箱，以便及时接收和回复粉丝邮件。该网络邮箱是一个独立邮箱，不跟你的微博、博客或其他重要账号关联，设置独立的登录密码。一般情况下，可以使用手机验证码登录，不要随便下载邮件中的附件，以免被盗号。

（10）设定粉丝群。建立一个粉丝群或读者群，偶尔在群里发消息，或跟粉丝聊天，及时处理各种问题和反馈。

（11）设定时间。与粉丝线上交流时，如果不能及时回复，可以设定一个时间——在设定时间内，批量回复粉丝的意见、建议和提问。而该回复的设定时间，一定要公开化，要在个人页面显著位置标明，比如，每晚9~10点，然后按时回复。

（12）一对多交流。除了线上交流，可以展开线下交流，但线下交流应该是一对多的，除非是付费咨询。

（13）不要随便见面。不要随便跟粉丝单独见面，无论是异性还是同性。不要随便答应粉丝的单独邀约，以避免产生不必要的事端。同时，不要随便接受粉丝的馈赠和礼物，或者只收小礼物，不要收贵重物品。

（14）平等待人。待人亲切友好，和蔼可亲，平易近人，放低姿态，不摆架子。让粉丝在交流中体会到温暖。

（15）少些专业术语。交流是一种心灵的启迪，不是思想理念的简单说教和灌输。要想讲清道理，就要用粉丝能听懂的话来聊天，不要满口专业术语。

（16）成文发表。把跟粉丝线上交流的内容，尤其是开导粉丝的话，编辑成一篇文章来发表，但要保护好粉丝的隐私。并且，一定要先征求粉丝意见，得到允许后再发文。

要诀二：给粉丝打造好的体验

思埠集团的创始人是吴召国，全网共有数千万粉丝，被誉为"中国微商第一人"。

吴召国，2022年8月开始转型做电商直播。作为内容主播，吴召国了解自己粉丝的画像和偏好；作为企业家，他在货品供应链端有自己独特的优势。转型做电商直播后，他以粉丝积淀为基础，并通过平台对入驻商家的帮扶政策，找到了快速破局的路径。仅用3个月，他就组建了电商运营团队，并逐渐摸索出适合自己的直播方法论，最终在年货节期间达成9000多万元的商品交易总额，快速晋升为平台头部主播。

吴召国通过定制化节点营销，营造年货消费极致氛围。年货节，是吴召国开启直播后遇到的第一个大促节点，也是团队首次策划的大场直播。他们采取了定制化主题直播间的形式，对整个活动做了整体的策划和包装，团队非常重视年货节活动，从选品、排品，到宣传、引流，再到直播间氛围的打造、主播情绪的调动等多层面都做足了准备。为了提升平台用户对主播的认知度，强化主播与年货节的联结，将直播主题定为"年货节还看吴召国"。

直播当天，"年货节还看吴召国"与"山东人到底有多实在"登上快手热榜前十，为直播间引流。除了吸引公域流量，团队还尝试调动私域流量的积极性。直播开始前，借助平台推出的年度账单等工具，清晰地传达主播给粉丝带来的福利点，引导他们预约直播；通过日常的短视频，输出吴召国助农、参观工厂、在田间地头溯源产品等内容，丰满了主播形象，引导粉丝进入直播间。公、私域的引流，加上定制化的主题直播，再加上团队的充分准备，推动了直播的高效转化。

专业化货盘组合，打造高质量爆款单品。能够引发大场直播强爆发的因素有很多，除了直播间的氛围到位，还离不开主播专业的货盘选品，尤其是在年货节等重视刚需用品、送礼场景的购物场域，需要充分挖掘不同类型粉丝的购买力。

这样的大场直播，既有新粉，也有很多老粉，在选品上，要充分考虑不同的消费诉求。团队在直播前期花了很长时间选品，一方面，与品牌反复谈判，拿到最优惠价格，并找到合适的福利品吸引用户；另一方面，排布直播顺序、货盘组合，考虑不同人群的消费需求。在直播间的产品展示环节，让用户有真实的观感非常重要，比如，卖羊肉的时候，工作人员会牵一只羊到直播间，告诉大家卖的是哪一个部位的羊肉，结果这一举动使直播间直接增加9万人气，产品卖爆了。年货节结束后，吴召国直播间凭借数千万元的商品交易总额，从第二梯队主播中成功突围。

要诀三：打造个人魅力

刘克亚被誉为"中国销售第一人"，在营销圈刷新了多个"第一"纪录。刘克亚在营销领域很出名，有自己的粉丝团，他的视频号即使只发布了几条视频，直播时也能有上万人观看。

为了塑造和强化"营销大师"的 IP 形象，刘克亚积极强化视觉和语言效果；在连麦过程中，对连麦嘉宾的提问，他的解答不仅会输出有价值的干货，还会营造好评的社会认同效应，建立与粉丝之间的信任；最后，他还会引导粉丝在自己的视频号留下个性化的好评。

一方面，刘克亚注重视觉效果。刘克亚常头戴一顶棒球帽，戴一副墨色眼镜，穿着带有黑色字母斑纹的白衫。黑白色给人一种庄重感，保守感的帽子加上张扬的墨镜，带有神秘感和威严感，俨然一副大师形象。另一方面，刘克亚会精心准备台词。影响力从何而来？一是自己造势，二是别人助威。台词是自己说的，是给自己造势。要不断地总结并升华自己的案例、故事、经验等。比如，刘克亚讲述自己以前学营销时如何训练自己在 30 秒内回答问题的，以及学员曾在没有见过面的情况下给他打款十几万元等。这些台词让观众感到震惊。

为什么会有人崇拜他，甚至愿意打赏呢？原因至少有两点：

第一，打赏排行榜前三的打赏人，往往是正在做直播的视频号博主，他们想通过此次连麦曝光自己，从刘克亚的直播里引流一些粉丝到自己的视频号。目前，打赏连麦是一种风行的视频号涨粉方式。

第二，打赏的人基本上是刘克亚的铁粉，甚至参加过他的培训，对刘克亚非常认可。连麦也是为了进一步得到刘克亚老师的指点和联系。

一般打赏金额高的都是对主播比较认可的人，主播问他们对自己或产品的看法，他们的回应自然就是正面的。

产品好不好不是自己说了算，只有让用户说好，才会营造一种社会认同的场域。很多粉丝知道刘克亚的课程对自己有帮助，加强了对这位"营销大师"的认可，进而购买他的产品或服务。而且，每次连麦结束时，刘克亚还会引导粉丝给出好评。

对于连麦的嘉宾，刘克亚会询问他们的情况，给他们一些营销推广方面的建议，以及对他们问题的解答，让围观者体验他的"营销服务"。

在直播临近结束时，他会让大家把今晚的收获，写在"刘克亚"视频号的特定宣传视频下方，记录自己的成长。

整个过程非常流畅，每个环节都在搭建和加强与粉丝的联系和信任，一场直播下来，"营销大师"的 IP 形象自然能得到加强。

要诀四：与粉丝相交，不得不注意的问题

与粉丝相交和互动，需要注意以下问题：

1. 与粉丝建立好的关系

（1）跟粉丝建立友谊。人际交往中，多一些真诚，少一些套路。来自五湖四海的网民齐聚直播间，个人IP主播应展示自己的亲和力和真诚之心，与网友粉丝建立友谊，建立长期和谐友好的关系。

（2）了解粉丝需求。就像钓鱼时，要知道鱼喜欢吃什么鱼饵一样。在直播行业，有层出不穷的新鲜内容和全新玩法，个人IP主播想要建立与粉丝之间的良好关系，就要投其所好，了解并尽可能地满足粉丝的需求，让粉丝得到满足，以免被其他主播吸引走。

（3）保持新鲜感和分享欲。人与人之间的关系，需要新鲜感作为调味品。粉丝在直播间失去了新鲜感，觉得内容千篇一律，就会被直播间氛围更活跃、内容更有意思的主播吸引走。因此，个人IP主播要多观察行业动态，看看其他人气主播是如何创新直播内容的，输出新鲜有趣的内容。此外，多和粉丝分享自己的生活趣事，拉近彼此的距离，让粉丝对你产生依赖。

（4）增强粉丝的归属感。当"粉丝存折"积攒到一定程度时，个人IP要创建自己的粉丝群，并使群活跃起来。只要彼此建立了感情，便能建立

深厚的归属感。在粉丝群一定要选几个管理员，可以是主播的忠实粉丝，当有新人入群时，活跃气氛。主播也要时不时地空降粉丝群，跟大家闲聊、吐槽、分享日常。

（5）日积月累，口碑自来。个人IP主播对待粉丝，要爱心地呵护、精心地浇灌。一草一木，想要开花结果，都并非一日达成。尤其是对于直播事业，粉丝就是秘密武器，仅有才艺没有粉丝的主播，根本无法在行业内生存。主播离不开粉丝的喜爱与支持，一定要日积月累地付出，切勿急于求成。

2.个人IP主播跟粉丝融洽相处

个人IP主播一般都非常珍惜粉丝，特别是新手主播，积累些粉丝更不容易。那么，应该怎样跟粉丝融洽相处呢？

（1）不要长时间聊天。直播时虽然要跟粉丝多交流，但下线后要回归正常生活，长时间在社交软件上跟粉丝聊天，不仅会占用大量时间，也会让粉丝养成不良习惯。

（2）不要与粉丝私下见面。距离产生美，尽量不要与粉丝私下单独见面。当然，可以参加线下粉丝见面会，以便获得黏性强的粉丝。如果不能避免与粉丝单独见面，可以约在餐厅、咖啡厅等公共空间，安全又舒适。

（3）不要使用歧视性语言。直播时，一定不能使用歧视性语言，无论是地域、种族方面还是工种等方面的不恰当言论，均应避免。个人IP主播是公众人物，要积极传播正能量，才能赢得大家的尊重。

（4）切忌说脏话或传播负能量。个人IP主播属于公众人物，要给粉丝和观众做一个表率，出口成"脏"，不仅会给粉丝带来不好的印象，也会让直播间热度下降。

3. 正确面对不同的粉丝

直播间有些粉丝属性不同，与主播的互动也不尽相同。那么，主播该如何面对不同的粉丝呢？

第一类，围观吃瓜粉。在直播间，围观吃瓜粉占比90%，是直播间数量最多的粉丝。尽管他们不会在直播间与你有太多互动，但不要忽视他们的存在。只要有人进入直播间，立刻点名欢迎，最好记住每一位吃瓜粉的名字甚至记住他们进入直播间的次数，在丰富直播内容和提高直播质量的同时，积极与他们互动。可以先从基础信息的交流开始，比如他们的职业、所处的城市、兴趣爱好等，等他们再进入直播间时，可以聊聊让他们感兴趣的话题。

第二类，找茬儿的黑粉。黑粉一般分为无聊黑、表现差黑等。

（1）无聊黑。这类人喜欢没事找茬儿刷存在感，如果对方动作不大，可以直接忽略或者干脆自黑，顺势活跃直播间氛围。但如果影响太大，也可以直接把他们拉黑。

（2）表现差黑。如果主播的表现没有达到大家的预期，他们就会出来指责。主播一定要反思自己的直播内容，将指出的问题一一改正，提高自己的逆商。另外，不断提升自己，等到自己足够耀眼时就可以将他们变成真爱粉。

第三类，真爱粉。对于真爱粉，主播已经有了一定了解，与主播有一定的黏性，所以要给他们更强的存在感。比如，给他们取一个有趣的专属小名，授予他们一定的权限来管理直播间。主播决定大的直播方向，粉丝决定小的直播细节。比如，音乐主播可以让真爱粉优先点歌，舞蹈主播可以让真爱粉优先选择舞蹈，游戏主播可以带真爱粉开黑或聊聊他们感兴趣的话题……

真爱粉会经常观看你的直播，熟悉你的直播内容和风格，因此，你要学会创新。比如，策划新的直播间玩法，学习新的歌曲、才艺，积累一些新段子；女主播可以尝试不同的妆容、发型和配饰，男主播可以尝试不同的服装和背景等。

第十章
让影响力成为价值杠杆，引爆个人IP

方式一：写文章，输出价值，提升话语权

打造个人IP最好的方式就是输出优质的内容，比如写朋友圈、写公众号文章、录短视频、做直播。这里，有个必要条件，就是需要有源源不断的优质内容。很多人卡在了内容输出上，想直播却没话说，想写文章却没东西写。如果做短视频的个人IP，更需要具备产生内容的能力。

罗振宇说过："未来最重要的是表达能力，因为传统社会最重要的资产是财富和权力。"未来社会最重要的资产是影响力。影响力是怎么形成的？形成影响力需要具备两种能力，一是写作，二是演讲。

内容营销，指的是以图片、文字、动画、视频等介质传达有关企业的相关内容来给用户信息，促进销售，通过合理的内容创建、发布及传播，向用户传递有价值的信息，从而实现网络营销。不管内容以哪种形式展现在用户面前，写作都是最基本的能力。

写作就是打造知识资产。打造个人IP是在一个领域形成知识体系，

也就是打造知识资产，而知识资产是有复利效应的，你给一群人做现场分享，花费2小时；还有一群人想听，你又要花费2小时。但是，你在一年前写的文章，到今天依然有人在看，明年还会有人看，不断地有人在看，这些是你不需要再付出时间的。

但写作不是一朝一夕就能做好的事情，需要长期坚持，要不断地打磨文字和内容。如果每天都写，势必会造成知识枯竭，头脑中存货变少，进入不知道写什么的状态，因此要大量吸收知识，不断思考，让知识关联起来，提供知识增量。那么，如何才能源源不断地生产内容呢？

1. 自己生产内容

（1）找痛点。要不断地挖掘用户的痛点并给出解决方案，重点是解决问题。也就是说，要让自己讲的内容有价值，能解决用户的具体问题。只要你在自己的领域足够专业，挖掘用户的痛点就不是难事。如果你觉得有困难，或者不会挖掘用户痛点，就可以使用以下模型思维。

第一步，找对标账号。去微信、抖音、小红书等搜索行业里做得最好的账号，他们会输出一些能够解决行业痛点的方案，要认真记录下来。

第二步，详细拆解。找到目标用户主要使用的 App，找到备受关注的热点内容和粉丝量大的账号，用思维导图把相应的内容一一拆解。

第三步，梳理逻辑。沿着思维导图的逻辑，亲自把方法捋一遍，看看有什么问题或漏洞，然后根据自己的思路和核心思维，再加上自己的观点。

（2）聊情绪。聊情绪指你输出的内容要能为对方提供情绪价值，也就是说，要让你的内容能打动人。简言之，就是要学会讲故事，因为多数人都不喜欢听大道理。那么，什么样的故事能打动人呢？那就是能够引发人们底层情感共鸣的内容。比如，"焦虑"这一主题，只要还原细节，就能完成内容创作。原理很简单。人们有很多共同情感，容易焦虑是人们的一个共性。无论是工作还是学习和生活，遇到各种问题的时候，都很容易焦虑。将遇到问题时候的细节，如场景、语言、表情、天气等还原出来，就能唤醒观众和读者的回忆，打动他们。

（3）有个性。与其更好，不如不同。"不一样的思维"，是输出内容最高阶的技能。不过，需要具备更高的认知。首先，让自己有思维。"大量实践+提炼总结"是思维的基础。其次，寻找不同。真理总是掌握在少数人手里，机会总在"反常识"里。如何寻找不同？就要找到事情的底层逻辑。先看上一步中的"观点"是不是来自底层逻辑，然后根据底层逻辑"独立推断"终局，得出与大众不同的结果。如此，就能得到一个另辟蹊径的视角，并非哗众取宠。举个例子，大众的观点是"谦虚使人进步，骄傲使人落后"。你可以提出一个观点，"谦虚使人落后，骄傲使人进步"，并给出你的依据。

2.学会借力，多路径丰富知识

（1）找到内容的联合创始人。合伙人可以贡献很多内容，内容又可以壮大合伙人团队，可以有稳定的产出，并为内容增加一些新视角和新观点。

（2）吸引和接受用户投稿。一旦采纳了忠实用户的投稿，要支付稿费并尊重其著作权。鼓励用户投稿这个机制一旦建立并良性运转起来，将是内容生产的有力补充。

（3）主动转载和约稿。找到适合目标用户的优质内容，获得原创者授权后发布到自己的平台，因为转载优质的外部文章也是涨粉的一种讨巧方式。

（4）和用户一起创造。这是最高级也是最难的方式。跟用户一起玩、共创内容，把自己变成一个分享内容的平台，比如，生财有术就是一个内容共创平台。

方式二：做演讲，讲明重点、突出问题

语言是会跳舞的文字，它有能量、有灵魂，是真正的表达高手，随时随地都会给听众带去力量和希望。优秀的企业家及团队领导者都具有一个卓越的品质：善于公众演说，广泛地影响他人！因为演说显现能量，能量创造相信，相信引领追随。个人的成功15%取决于技术能力，85%取决于与他人沟通的能力。

电脑端到移动端的转变造就了这个最好的时代，每个人都需要去表达、去输出。但是，如果你不会沟通、不会演说、不会招商、不会展现，这就是一个最坏的时代。只要开口就会有结果，只要开口就会有机会。

因此，学习演讲也就成了打造个人IP的第一个突破口。心理学研究显示，人与人之间的信任度和影响力来自形象、语言和语调三个方面，学演讲不仅可以全方面地提升语言表达能力，还能提升自信，改变气质形象。

第十章 让影响力成为价值杠杆，引爆个人IP

不管你在什么位置，自信地当众演讲，轻松地沟通表达，都是一项重要的能力。那些大名鼎鼎的成功者都是一流的演讲高手，他们通过演讲，销售自己的梦想、自己的情怀、自己的理念和自己的产品。

现今社会，人们越来越关注自己，即使某人能力很强，如果不喜欢说话，不懂得沟通，不善于表达，也很难得到他人的认可与重视。

奥普拉是美国知名主持人，是个被父母抛弃的私生女，从小被丢在外婆家寄养，生活在一个既没水也没电的破房子里，极度贫穷。在这种环境中长大的她，自暴自弃，慢慢变得堕落，整天都跟社会小痞子厮混在一起，14岁时她就意外怀孕，但孩子出生不久就夭折了；她还抽烟、喝酒，被送进了收容所……

为了拯救奥普拉，母亲把她送到父亲和继母那里，为她制订了严格的学习计划，要求她每天读书，写读书笔记，学习演讲技巧。中学时期，在一次演讲比赛中，她在一万人中脱颖而出，赢得了1000美元奖金。大学毕业后，奥普拉凭借出色的演讲能力，成了电视台主持人，直至变成身价10亿美元的美国脱口秀女皇。

演讲是表达自己、捍卫自己、体现自身价值的一种重要手段，可"使看不见的东西被看见"。具备一定的演讲能力，就能更有效地推广自己，吸引粉丝，影响更多人，建立更大更优质的圈子。

1.认真筹备，提前练习

演讲是自媒体人展现自身风采的绝佳时机，如果有机会在公开场合发表演讲，一定要认真筹备。

提前准备演讲稿。但为了在演讲过程中不出现忘词和卡壳等意外情况，演讲稿最好由自己写。写好之后再背几遍，直至牢记在心。然后，对着镜子练习演讲，找找感觉。

2. 注意声调、语速和表情

演讲过程中，要注意自己的声调和语速，不必振臂高呼或者声嘶力竭，但要张弛有度、掷地有声。

演讲的语速不能太快，吐字要清晰，说普通话，为了突出个人特色，可略带一点儿方言口音，但尽量不要用方言。

在演讲过程中，要配合相应的表情、手势和肢体语言，语气舒缓、目光坚定，眼神不要游移不定。

3. 多练习，不紧张

要想克服紧张，就要在日常多练习，在人多的时候表现自己，练习在公开场合说话，不要害羞，不必胆怯。

站在演讲台上，如果感到紧张，可以深呼吸几次，放松心情。或者，上台后，不要总是用目光巡视观众席，就当自己进入白菜地，无论台下观众是谁，你就当自己在白菜地里发表演讲。

为了克服紧张，避免忘词，还要预先把演讲稿多背诵和多演练几遍。实在不行，就准备几张小提词卡，放在手心里。但不能照着念，否则演讲就变成"领导讲话"了。

每次演讲都有主旨，你的观点是什么，你要向公众传达什么，你要呼吁什么，你要举例说明什么……都需要表述清楚，不能模棱两可和含糊其词。

4. 提高感染力和亲和力

演讲语言要生动，要富有感染力和亲和力。在演讲过程中，要注重与台下观众的目光交流，用生动的语言、鲜明的观点，娓娓道来，对观众进行引导，一步步引人入胜。

5. 吸引观众注意力

为了吸引观众的注意力，你可以在演讲开始时先抛出几个问题，然后一一进行解答。也可以借助PPT，为演讲提供论点论据。但演讲用的PPT不要太花哨，内容也不要太多，一定要简洁和醒目。

6. 态度诚恳，内心坚定

演讲过程中，态度要诚恳，内心要坚定，表情不必太过严肃，还要面带微笑、和蔼可亲。可以通过手势来助力演讲、引领思潮和带动情绪，但尽量不要有诸如搔头皮、抓裤腿、搓手等小动作，也不必双手握拳，否则会显得太过紧张。

7. 做好脱稿演讲

脱稿演讲一般是即兴发挥，要想在演讲过程中游刃有余，需要在日常多训练和积累。可以多看关于演讲的书，多读名人演讲的文稿，观赏名人演讲的视频，不断强化自己的演讲能力。

方式三：开直播，成为最佳带货人

当下，短视频直播带货已成为各行各业最热门的营销方式，比普通的广告形式更方便、更快捷，且局限性比较小。

带货主播可以利用直播平台对产品进行全方位的展示和细致介绍，加深用户对产品的了解，达到营销的目的。同时，短视频内容还可以转发分享到微博、微信等社交平台，扩大可宣传的范围，是一种无形的广告。此外，投入直播、短视频平台的成本也相对较小。

如今，短视频负责种草，直播负责带货，已经成为普遍的共识。短视频和直播是时代给每个人的机会。

在抖音平台上，有些人虽然粉丝不多，但通过这种方式，每天都能够进行带货销售。

其实，这都是有方法的。这里介绍几个入局直播带货的基本法则。

1.普通人直播带货的基本法则

在正式开始做直播带货前，很多人都有很多担心，担心视频拍摄不好、设备不专业、没有粉丝、没有团队等，其实这些担心都是多余的，只要一部手机，并掌握以下五个法则，就能够轻松入局，做好直播带货。

（1）真实原生态。做直播带货的人越来越多，竞争越来越激烈，为了提高利润，很多人只关注产品的价格，希望产品的价格越低越好，却忽略

第十章 让影响力成为价值杠杆，引爆个人 IP

了产品的质量。如果产品质量不过关，即使带货销量不错，用户对产品质量不满意，售后服务不好，就会直接伤害粉丝，导致粉丝越来越不信任带货主播，大量流失。在这种情况下，真实坦诚的主播更受欢迎，比如带货农产品的农民、努力创业者、工厂老板等，他们的内容更加真实，没有经过包装，直接销售产品，更受大家的喜欢。所以，直播带货第一个法则，就是保持内容的真实性，保证产品的质量。

（2）直播重心是带货。看到直播带货赚钱，看到自己账号有几百万人关注，很多人也开始直播带货，效果却没有想象中好。这是为什么？其实，原因很简单，因为粉丝与带货的产品不匹配，无人购买。比如，你的抖音账号定位是做视频剪辑类内容，通过这个吸引了几十万粉丝，但当你做直播带货的时候，带货产品是美妆护肤类产品，这就是产品与粉丝的需求不匹配，自然无法吸引用户购买。直播的目的是带货，既然要销售产品，就要销售用户需要的产品，这样才能成功变现。直播带货很关键的一点，就是将合适的产品卖给合适的人，而不是直播间的粉丝多，你带的货就销量高。

（3）短视频内容围绕产品。在抖音直播之前发布直播短视频，能够吸引很多人进入直播间，但并不是视频播放量高，视频的内容吸引的人多，变现就多。比如，在开播之前，发布一条跳舞的视频，吸引了很多人观看和点赞，也引来了很多粉丝进入直播间，但如果你直播的内容是关乎个人成长、自我提升的，很多人看后会离开。为什么？因为引流的短视频与直播间的内容不一致，会造成粉丝离开，很难成功带货。所以，直播引流的短视频内容最好围绕直播间的产品进行，从用户需求出发，直击用户痛点，吸引用户进入直播间购买。这样，吸引到直播间的粉丝不仅是精准的，对产品的需求度也更高，只要产品价格足够优惠，能够解决他们的问题，粉丝就会毫不犹豫地下单购买。

（4）增加用户信任。做直播，产品是基础，同时要打好感情牌，才能让用户记住你，获得大家的长期关注。比如，你的定位是护肤品美妆产品直播，在销售产品的同时，可以教大家一些美肤化妆的技巧，既能让用户学到内容，也能增加他们对你的信任，愿意购买你推荐的产品。不管你的定位是什么，做短视频直播带货都不能只顾产品，还要维护与用户之间的关系，保持联系，增强信任感，才不会被用户遗忘。所以，做短视频直播带货，要多与用户沟通，维护好用户关系，做好用户的留存。

（5）坚持直播带货。直播带货，只有长期与粉丝保持密切联系，才能维护好与粉丝之间的关系。主播直播的时间和频率不固定，很容易被粉丝遗忘。直播需要坚持，最好能将时间固定，比如，每周三晚上8点都会直播，固定时间后，用户就会养成一个习惯，每周三来看你的直播。另外，做直播一定要坚持，没有人能随随便便获得成功。

2. 策划一场带货直播

要想成功策划一场带货直播，可以按照以下要点进行：

（1）做好选品和分级。做一场带货直播，至少需要2小时，因此一定要学会产品分级，合理地安排产品，把握好直播的节奏。比如，在直播刚开始的时候，最好选择一个价格低且实用性比较强的产品，活跃氛围。在直播接近尾声的时候，想要最后冲击一下销量，可以介绍一些性价比高、价格相对比较低的产品，激发用户的购买欲望，实现转化。用户在直播间购买产品时，犹豫不决，很难下定决心购买，这时主播要帮用户做选择，分析产品优势，告诉他们产品的好处，以免用户由于选择、对比等因素产生退缩心理。

（2）先活跃再卖货。主播直播时，如果不热场就直接卖货，只能招致用户的反感，甚至用户会直接离开直播间。因此，主播在直播开始，最好先热场，带着用户逐渐进入状态。热场的方式可以是直播间抽奖送福利、赠送一些产品等，在这个过程中，主播要与用户建立信任关系，逐渐实现产品转化。

（3）结合场景促单。直播活动最好结合场景进行出单，意思就是要在用户心里有一个具体的使用场景。比如，主播是做食品带货的，可以一边吃一边介绍产品的味道、口感等，也可以用比喻手法来介绍一下产品特点，将关键信息清晰地传达给用户，让用户真切地感受到产品的优点，这样用户才能下单购买。

第十一章
建立独一无二的社群文化

技巧一：明确社群定位——看看人们对什么感兴趣

所谓社群定位，就是在建立社群之前给社群找个身份，这个身份决定了社群的发展方向、参与人群、提供的价值、运营规划、变现方式等。简言之，社群定位就是要解决一个问题——你为什么要建这个社群？比如，某办公软件学习社群建立的目的就是帮助大家更好地使用办公软件，让大家不再因为不会使用办公软件而焦虑。

再如，做上门美容的娜娜，做的是服务型社群，做这个社群的目的就是方便解答用户的面部护理问题，给大家分享各种女性皮肤护理知识，给用户及时快速地推送优惠活动，这样的社群定位就很清晰。

1. 为什么要做好社群定位

（1）让自己有更明确的方向。创业犹如一场战役，精准定位就是确定战略方向，而给社群定位的过程其实就是在给自己定位。当你梳理出了自己的优势，明确了自己的方向，社群的方向也就基本确定了。所以，如果在建立社群之前没给自己做过定位，就可以通过给社群定位来明确自己的方向。

（2）让用户更明白社群的价值。价值点是社群的五大构成要素之一，该价值点就取决于你的定位。所以，一个社群有没有价值，在建群之前就已经确定。如果你建立的社群没人关注，还遭人反感，就是因为大家没有感受到这个社群的价值。为什么你的社群没有价值呢？因为社群定位不清晰。

如果你在建群之前告诉大家："我建这个群是想给大家推荐一些非常好用的母婴产品，都是我用过的，质量有保证；而且，我能向大家保证价格是最低的，大家有需要可以私聊我！"这就给了大家一个明确的方向：我是做母婴产品的，我推荐的产品都是自己用过的，都替大家试用过。这样大家就知道这个群是干什么的，有什么价值。

（3）用户需要精准的专业服务。很多创业者一言不合就开始拉群，卖一些自认为很好的产品或服务，这样不仅让群友反感，自己做得也很难。为什么会出现这种现象？有两个原因：一是双方的供需信息不对等。也就是说，我想要的你没有，你提供的我不需要。二是你提供的服务或产品价值不够。

创业者要经常问自己一个问题：你凭什么让用户在你这里买东西？在同质化竞争如此激烈的时代，能够满足用户需求的产品或服务太多，你的产品或服务跟别人相比，哪里不一样？要找出一个让用户不得不在你这里购买的理由，让他心甘情愿地掏钱。这个理由就是你的产品更好，你的服务更专业。比如，同样是做服装团购，别人为什么能让用户不断回购？就是因为他更加专业！表现在哪些地方？比如，他能根据用户的气质，搭配不同风格的衣服；他能准确地记录用户的身材尺寸，第一时间告诉用户适合哪个尺码等。

所以，明确自己的定位，明确社群的定位，然后包装价值，让用户感受到你的专业，大家才愿意来这里听你说、看你演、跟你买！

2.社群定位怎么做

笔者主要给大家介绍社群定位五步法：定方向、定人群、定内容、定计划、定渠道。

（1）定方向。方向需要根据社群类型，确定共同目标和统一价值观后确定。

所谓确定共同目标，就是根据社群成员的需求，根据社群运营者的目标，设置整个社群的目标。每个社群都需要有一个共同目标。比如，做读书会的小雪，作为社群创始人，她的目标就是想让社群的规模越来越大。而其他社群成员，有的想有人督促自己读书，有的想有人交流读书心得，还有的想获取一些书单等。最后，在大家比较认同的目标基础上，制定一个共同的社群目标：运用群里交流的读书方法，一年读60本书，并影响身边两个人开始读书！

统一价值观，就是让社群成员在潜意识里保持对某一个价值观的高度认同，实现长期联结，保持社群的稳定长久。如何统一大家的价值观呢？可以通过社群名称、社群的文化口号、创意元素、社群成员的名称格式、标志、色彩等，去统一社群成员的价值观。

（2）定人群。人群的定位可以通过用户类型分析法确定，比如年龄、性别、职业、收入、城市、家庭情况、兴趣爱好、学历、常出现的地方等。用百度指数和微信指数作为辅助工具，可以基本确定用户年龄和性别分布情况。

（3）定内容。所谓定内容，就是确定你要给用户提供什么价值，然后准备好相关资料，包括社群基础资料和价值资料。社群基础资料包括社群标志、颜色、名称等，需要提前准备好；而价值资料除了要提前准备一部分，还要不断地去挖掘。比如，做健康减肥训练营的雅尼，最开始给社群准备的价值资料是《大体重减肥100问》《保持完美身材的秘密》《减肥的100种吃法》，后来在给社群成员服务的过程中，又逐渐加入了很多价值资料，比如《100个居家减肥运动合集》《每日减肥心得分享》《每日减肥励志故事分享》等。每增加一个内容，社群的价值就上升一些，成员也会更加珍惜这个社群。

（4）定计划。定计划就是要确定建群的时间、流程、规模、生命周期等。

时间和流程不必多说，很容易理解。而社群规模，要根据用户的多少去预估；社群的生命周期则要通过产品或服务周期来确定。比如，蕾蕾的服装团购群，群成员对服装的需求是长期的，蕾蕾提供的服装也在不断地更新换代，因此她可以长期地维护这个社群。再如，驾驶技术交流群，每一期学员毕业后，社群就失去了意义，社群的生命周期也就到此结束。所以，社群的生命周期是根据我们定位的用户需求来确定的。

（5）定渠道。这里的定渠道指的是定变现渠道，主要包括对内变现和对外变现两种。对内变现，就是收取社群成员的费用，通过产品、课程、服务等收费。比如，卖产品的淘宝客、团购群等。对外变现，则是群主组织社群成员共同创造价值来换取回报，比如，知识服务商罗辑思维就是邀请大家来共同拆书，将精彩内容呈现给大众，换取收益。再如，很多做海报的技师，一个人接单不仅困难，还很枯燥，多人抱团交流，用经纪公司的运作模式去运作，大家不但能接到单子，客单价还不错。这就是对外变现的路径。

技巧二：明确社群原则——提高社群价值

什么是有价值、有归属感的社群呢？主要包括以下因素：共同价值观、成员身份、道德规范、社群和内部人士的认知。具体如何打造有归属感的社群呢？

1. 界限原则

参加学习类社群后，能拥有什么样的身份，学到什么样的知识，就是与外部人员的界限。

社群组织者要为社群内的成员营造一个安全、健康、愉悦的成长氛围。

社群招募同频的人，事先定好规则，明确社群的价值观和定位。同时，帮助群友了解：我是谁？我该如何行动？我有怎样的理念？

在社群建立初期，要定好基调，明确群规、设置底线和原则。无论建立的是商家会员群、兴趣爱好群，还是学习成长类社群，在群友入群时都要告知其玩法规则。如果觉得不合适，群友可以退群。有的社群还有三天预备期，预备期结束，觉得不合适，群友可以申请退群，入群费用全退。

2. 入会原则

进入一个社群后，人们都想被接纳、被认识，因此入会的仪式非常重要。入会仪式，就是社群运营人帮助新成员加入社群的欢迎活动，帮助他们跨过界线、更好地融入圈子。入会时，所有活动主旨都围绕"让新人消除界限感，快速获得参与感"进行，小伙伴可以做自我介绍，花式展示自己的才艺。

好的社群运营人一般都有一双善于发现的眼睛，能够从新人的自我介绍、朋友圈中发现新人的喜好。比如，看到新人每天坚持早起、阅读，可以和他讨论阅读哪些书、早起做些什么的话题。同时，可以请他们把自己的阅读经验分享到群里，让社群里的其他成员快速认识新人。

邀请新人分享的时候要有仪式感。比如，一段非常有创意的文案："欢迎你加入×××社群，欢迎分享你的故事，让大家快速认识你吧！"新人接受分享时，作为运营人，可以帮助营造氛围，甚至可以为其制作一张专属海报、一段有氛围的音乐，使简单的分享更具仪式感，新人也能快速产生归属感。

3. 仪式原则

所谓仪式，就是与其他时间不同的时刻。在这个时刻中，是特殊的或重要的。比如，前面提到的入会仪式。

有归属感的社群，不仅有简单的入会仪式，还有开营仪式、活动仪式，以及各种有成就感的仪式。在仪式中，要帮助社群成员建立更多元化的联结，不仅展示群成员的故事，还有运营人员的故事。比如，开营仪式中，不仅要让大家明确玩法规则，也要玩在一起、建立信任。

管理员——亮相，让群友知道平时遇到问题时可以找谁解决，这也是管理员建立威信的好时机。

仪式原则不仅能为管理员建立信任感，更能帮助群友进行联结，因此，可以在社群中寻找活跃有才的群友分享独家才艺。

共同许愿宣誓也是一种仪式。比如，进入一个短期的学习型社群，对未来愿景抱以期待，用来影响未来每一天的学习。如果是兴趣类的长期社群，可以让群友为自己的兴趣定下一个小目标。因为有目标才有行动，有行动才有结果，有结果就有归属感。

4. 符号原则

符号是将一个社群与其他社群区分开来的视觉方式，传达了社群的理念和价值观，可以用在平时传播的素材上，比如社群海报、定制的印刷品、礼品等，能够强化人们在视觉上的感知。

符号，除了图像，也可以是文字符号，比如一个社群的标语可以是社群创始人的声音等，只要能将社群与其他社群区分开来，并让人们一看到就知道是该社群，就是好符号。

符号在商品上的应用比较广泛，比如星巴克、香奈儿等符号，它不仅代表了一种生活态度，也是身份的象征。社群中的符号也是如此。社群的符号，不能太过浅显易懂，也不能让人不断猜测。

5. 内圈原则

大多数社群都有层层递进的内圈，不同的圈子代表不同层级。人们都想跻身更核心的圈子，有时候不是为了显示权力、身份和被尊敬，而是为了找到适合自己的方式参与集体，并做出贡献。

就像作为普通群员，我们被运营人员的热情感召，被管理人员的专业吸引，进而也想成为这样的人，为更多人提供价值。于是，从普通成员开始慢慢参与设计海报、收集数据、参与点评、策划仪式、主持活动等。随着参与的深入，我们会获得新的成长，比如，知识增长、认知升级，受到更多尊重等。

如果愿意付出，愿意探索，也能进入更深层次的圈子，比如，参与运营和管理。在这个过程中，我们要会付出很多时间和精力，但成长速度飞快，不仅可以学到很多运营和管理知识，也会认识更多优秀的人，并与他们并肩作战，做出更大的贡献。

技巧三：设计社群规则——没有规矩，不成方圆

设计社群规则的要点有如下两个方面：

1. 符合情理的基本方向

一个社群的规则，只有经过群员的讨论并达成一致，才容易被遵守。如果群主要推出强势群规，就必须比群员影响力等级高一个数量级，才能获得遵守群规的心理优势。所以，强调民意的组织纪律比强调个人权利的社群寿命更长。群规一定要根据社群的情况设计，甚至一个社群下属的不同分社群，也要在社群规则的设计上有所区别。

（1）不要乱发广告。禁止乱发广告，但也可以在此基础上做一些变通，比如，只要广告通过群主审核、对社群有价值，就可以发。

（2）根据社群特点制定基础规则。娱乐性质稍重的社群，大家讨论各种话题，只要好玩有趣，能够活跃社群，社群规则可以相对宽松一点；学习性质或成员总体素质较高的社群，社群规则的设定要相对严格一点，包括发言的内容方向、发言是否有价值等都需要做规定，以保证社群活跃的绝对高价值。

（3）根据运营机制制定特别规则。设定社群特别规则是达成社群目的的必要手段，跟社群定位有很大关系。比如，学习日语群，大家聚在一起

的初衷是练习日语口语，就可以规定"每天早上发一条日语语音"；摄影交流群，就可以规定"每周开展一次线上摄影展"，大家还可以在群内交流经验。

2. 社群规则的底层逻辑

对于社群来说，设计一套清晰明了的流程化规则，就能明晰社群成员间的配合方式，告诉社群成员先做什么、后做什么及怎么做。明确了社群需要的规则后，不仅要明确这些规则的缓急，还要排除不必要的规则，确定哪些是最适合你的。因此，要通过社群规则的底层逻辑，完成对社群规则的设定和调整。

社群成员之间是弱关系联结，我们所说的对社群进行控制，并不是一般意义上的强制性措施，而是通过流程化的规则，让社群成员在社群的组织下，自发产出高质量内容，从而达到社群目的，并涌现巨大价值，这才是控制的最高境界。

从本质上来说，流程化规则就是一套社群活动的流程与方法，具有以下鲜明的特点，设定规则时必须遵循：

（1）每个成员都必须执行。在社群活动中，每个成员都要遵循流程化规则，这样才能达到社群目的，有利于实现巨大价值。

（2）每个成员都很清楚。流程化规则必须内化到每个成员的思维中，成为思维和行动的习惯，成员不但要清楚，还要条件反射式地做出反应。

（3）必须可衡量、可记录。规则必须简单清晰，社群成员能知道自己到底是遵循了规则还是违背了规则。

（4）应具有互动性。社群的流程化规则应该促使群成员实现互动、传递信息、交流想法、表达情绪等。在这种相互作用下才能达到目的，实现价值。

（5）保证每个成员的独立性。在社群中，单个成员在执行流程化规则表达想法、做出行动时，必须是独立的，不应受制于群内的关键意见领袖（KOL），才能保证社群的价值具有无限性和多样性。

技巧四：输出你的价值、人文关怀和温度

内容是社群运营的基础，没有内容，社群就会失去生命力，显得单调又干瘪。在社群运营过程中，如何做好内容，并通过优质内容达成激活用户、留存及转化目标，至关重要。

事实证明，做好社群内容的规划、输出和运营，就能体现社群价值，扩大品牌影响力。

1.内容规划

为了输出用户感兴趣的优质内容，首先要搞清楚几个问题：用户是谁？用户画像是什么样的？用户有哪些需求？怎样才能更好地触达用户？把这些问题归纳成一个框架，吸引用户，再围绕社群的核心价值点，持续输出使内容丰满起来，才能由量变引起质变。

（1）目标。在做内容规划前，要充分明确运营目标，明确我们需要逐步达成的关键点，然后逐层分解。要想做到这一点，就要试着想明白这样

几个问题：社群运营的终极目标是什么？当前社群处于哪一个阶段，这个阶段的目标是什么？这个阶段我们需要做哪些运营动作？基于当前运营阶段，需要搭建一个什么样的内容框架？明确了目标，就能进行接下来的一系列规划和执行动作。

（2）用户。要想熟悉并了解社群的用户及其属性，从用户画像着手去寻找和明确内容方向，就要搞清楚社群成员的性别占比、年龄范围、兴趣点和消费场景。他们具备什么技能？他们进入社群想获得什么样的价值？明确用户后，再去观察他们的偏好，比如，哪些内容更容易受到社群用户的青睐？然后针对这个问题，观察同类社群，看看推送哪些内容后用户的反响最好。

（3）主题。通过对目标和用户的分析，基本上可以确定社群内容的主题范围。将不同类型的主题以周期为单位形成一个主题库，不仅便于后续的内容输出，还有利于社群内容的长期运营发展。

（4）频次。基于社群内容主题库，再结合社群用户画像的分析，就能规划出社群内容的输出时间点和输出频次等。只要完成推送频次的规划，社群内容的整体框架就清晰了。

2. 内容输出

总的来说，社群内容主要包括以下五种类型：

（1）用户关怀。高黏性的社群需要情感和温度，要想培养、维系与用户之间的感情，提高用户对品牌的认知度，就要向用户提供有温度的服务，输出情感关怀类的内容，比如早晚安问候、节日问候、天气变化提醒等，分享形式主要是文案和海报。

（2）专业分享。专业型内容的输出可以是知识科普，也可以是行业干货。一方面，可以结合品牌定位和产品特点，分享相关知识，同时结合自己的产品，更好地宣传产品，帮助转化。内容输出的形式建议是图文或视频。另一方面，也可以分享行业干货资料，最好以长图或资料包的方式来呈现，便于用户直接保存和下载，体现社群价值，提高社群留存率。

（3）资讯分享。运营者每天分享当日与社群调性相关的时事热点资讯，让用户快速获取时事信息，以便用户养成打开社群的习惯。分享形式可以是转发外部信息，也可以是自己汇总的内容。

（4）话题分享。结合资讯分享，可以延伸出有争议性的话题，供用户讨论，保持社群活跃度。同时，也可以立足社群定位，不限于产品相关的内容分享，输出用户感兴趣的话题，增加用户黏性。

3. 内容运营

（1）输出时间。社群内容需要规划输出时间，不能想当然地随意发挥，以免打乱预订计划，影响运营节奏。社群运营表面看似自由性很强，随时可输出，实际上社群运营背后的逻辑非常重要，不能因为一时的活跃和一时的沉寂，而打乱了输出时间。你需要做的是：观察并记录每一个运营周期中有哪些用户数据变动关键点，分别出现在什么时间？导致的原因可能是什么？然后，根据这些运营数据，做出调整。

（2）互动式引导。如果你的社群最后变成了只有水军在说话的社群，那这个社群一定是非常失败的。所以，必须将互动式引导贯穿内容运营全程。也就是说，输出内容时，不要自说自话，要引导用户参与进来。运营是一个负责搭建舞台的角色，最终的表演需要观众上台完成。

（3）收集问题反馈。可以认真记录下基于社群内容产生的用户行为数据，并每周进行一次复盘。这些数据包括：每次内容推送后，参与讨论的人数和次数、图文阅读数分享数、具体的反馈情况、用户喜欢的内容、用户无感的内容等，找出满足用户需求的、符合运营目标的内容进行重点运营，进一步扩大品牌影响力。

记住，内容始终要服务于用户，内容的策划和运营都要从用户视角出发，思考用户真正想要的内容，然后结合产品和业务进行优化。因为对于用心经营的内容、有营养的内容，用户都可以感受到其温度和价值，把内容做好，方能促使用户转化。

第十二章
个人 IP 的变现路径

路径一：订阅打赏

全民写作的时代，很多人都开通了"微信公众号"或者"订阅号"，我们写的文章能否被认可，除了"阅读""点赞""在看""转发"等数据可以体现，还有一个最能体现文章是否有价值的指标，那就是"赞赏"——你写的文章，是否被读者读完且认为受益，为你打赏1元或更多现金。

在公众号、美篇、简书等写作平台，文章下方都有打赏功能，喜欢你文章的人自然会为你打赏数额不等的金额，可以让你获得收入。在这些平台上写文章，都能收到打赏。

1. 开通赞赏功能的条件

对于写文章的人来说，如果自己的文章能被他人认可和赞赏，会极大地提高他们的写作热情，让他们写得更多。

那么，公众号如何开通赞赏？满足以下两个条件中的一个即可：一是，同一作者名发表 3 篇及以上原创文章。二是，发表 3 个及以上的原创视频（不包括图文内的视频）。相对来说，第一个条件更容易达成，但要注意，标记原创的姓名一定要相同，多一个字或少一个字都不行。只要满足以上条件，就可以开通赞赏功能，开启创富之路。

2. 公众号开通赞赏功能

第一步，在电脑端登录微信公众号后台，找到"赞赏"按钮，点击"邀请"。

第二步，输入"微信号"，点击右侧的"搜索"按钮，再点击"邀请"。

第三步，发送邀请后，个人微信会收到"邀请通知"，然后点击"开始创建"按钮即可。

第四步，按照腾讯要求，上传头像、填好名称、性别、地区、简介信息，再填写你的姓名和身份证号，提交即可。

做完以上操作，赞赏账号就设置好了。

3. 发文时开启赞赏功能

电脑端操作如下：

第一步，在电脑端编辑文章时，在编辑页面最下面，找到"原创声明"按钮。

第二步，按照提示填写所有信息即可。

手机端操作如下：

点击"原创开关"按钮,选好"赞赏作者",再点击"赞赏开关"按钮即可。

4. 获得更多赞赏的小技巧

想要获得赞赏需要掌握以下三个技巧:

(1)提供更有价值的内容。如何判定文章是否有价值呢?这主要取决于你的文字能否帮助他人解决问题,帮助越多人解决问题,价值就越高。

(2)广结善缘。财富是流动的能量,经常给别人鼓励和赞赏,也是爱和能量的流动,因此要广结善缘,广种福田,比如,给看过的文章作者赞赏,鼓励创作。

(3)打赏金额的选项设置按金额从大到小排列。从心理学上讲,先看到大的数,再往后看到小的数,就会觉得越来越小,所以,打赏金额的选项设置也要按金额从大到小排列。

5. 注意事项

赚钱并不是写作的唯一目的,通过写作获得赞赏收入,只是写作过程中的一个特别小的收获,要看到写作更大的价值。比如,写作可以全方位地提升你的个人能力,如逻辑思维能力、沟通表达能力、深度思考能力、文案写作能力、营销能力、通过文字联结他人的能力等。写作还能强化你的专业技能,整理你的知识体系,让你在这个领域更有话语权;写作可以让更多人知道你,提高你的个人影响力,打造你的个人品牌。

路径二：品牌广告

当你凭借写作成为一个细分行业的专家，粉丝就会越来越多，影响力就会越来越大，有人就愿意在你的文章中投放广告。很多知名公众号主靠广告变现，给别人发一条广告，宣传一个产品是可以收费的，这就是广告变现。

在互联网做副业赚钱，要想将自己的产品项目卖出去，核心因素之一就是：你在用户眼里是这个领域的专家，只有足够专业，用户才会爽快地付费。

打造品牌营销的个人IP，本质上是把一个人当作产品去打造，或者打造一家只有"一个人"的企业。

那么，究竟该怎么做呢？

1.有核心定位

做品牌营销个人IP，首先要有明确的核心定位：你是谁？你是做什么的？你能够提供什么样的价值与服务？要想在用户心中牢牢树立起鲜明的人物形象，就要基于自身的资源、人脉、认知等一切优势条件，明确自己到底要做什么、能做什么。让用户遇到某个场景时，第一时间想到你。在输出内容的时候，一会儿说电商、一会儿讲股票财经、一会儿又讨论房地产生意，这样很容易被人认为是只会跟风忽悠人的"营销号"，价值感很低，吸引不了粉丝。要仔细打磨内容，提升专业水平，专注于一个领域，精益求精。

2.有稳定的曝光渠道

确定了 IP 的定位，就要想办法获取流量，让更多人知道你。移动互联网时代，新媒体的发展给了个人 IP 更广阔的发展空间。以前想打造个人 IP，更多的是通过做活动、混圈子，或者背靠企业资源，但那种影响力是有限的，只能辐射一小部分人。如今人人都可以是自媒体，只要你会做内容，会拍短视频，会写文章，会直播，并愿意持续地输出、经营，就可以获取流量。

你需要流量，平台需要内容，二者相互依存，而你要考虑的就是怎么持续输出优质内容。如果你刚开始打造个人 IP，可以先选择做一个流量渠道。目前，抖音、快手这两个短视频平台流量比较大，可以考虑优先布局。等时间和精力充裕了，再慢慢布局多个平台，形成矩阵。

3.有一个核心竞争力产品

做 IP 并不是为了博个好名声，主要目的是解决一部分人的问题，同时实现变现，验证自己的商业价值。

很多人 IP 做得刚有点起色，就开始考虑怎么变现的问题，甚至"什么都想要，什么都想卖"，又想卖课，又想做付费群，又想带货。这样只是在折腾自己，到头来很可能什么都做不起来。

品牌营销个人 IP 要变现，很多时候你需要专注于一件事情，即打磨出一个具有核心竞争力的产品，至少把付费产品的真实好评率做到 90% 以上，积累良好的口碑，从而反哺 IP。

4. 有自己的私域流量池

个人IP与品牌IP最大的不同点就是"人"。人是有社交价值的，人们都喜欢结交优秀的有能力的人。所以，打造个人IP不仅要学会怎么找流量，还要学会怎么留住流量。只有牢牢抓住用户，培养忠实用户，才能持续地产生复购和裂变价值。所以，打造个人IP一定要搭建起私域流量池，做内容时一定要有意识地为个人账号引流。

个人IP有了私域流量，也就拥有了一批忠实的粉丝，才具备话语权和影响力，以及持续发展和变现的能力。而你要做的是服务好你的忠实用户，持续地为他们提供价值。

5. 积极开展线下活动

虽然移动互联网给人们的交流沟通带来了极大的便利，但即使在线上聊得火热，没有线下的会面，也无法建立起牢不可破的信任感。好的企业都会对流量、渠道、产品、用户、合作伙伴等负责，所以当你的个人IP发展到一定规模的时候，可以定期举办一些线下活动，比如，主题明确的沙龙、单纯的粉丝会，为用户提供一个互动交流的机会，做资源整合。如此，才能加深IP与用户、用户与用户之间的交流和信赖，建立情感联系，形成稳固的集体。

6. 为用户提供持续的服务

除了持续性地输出有价值的内容来获得粉丝认可，还要提供持续的服务，才能让粉丝、会员、商户记住你并信任你，愿意向你付费或与你合作。比如，可以建立用户表单，在他们生日的时候送上一份不一样的贴心礼物；可以承诺一年无限次的某项服务；可以给特定用户永久期限的终身折扣，等等。

持续的用户服务本身也是一种无形的口碑营销，你提供的服务是不是真诚的、有没有效果、能不能坚持很久，这决定了你的个人IP在用户心中的地位与价值。

路径三：直播变现

通过直播带货来卖东西，可以获得一定的销售分成或带货佣金。具体变现方式有以下四种。

1. 自己做直播带货

学习直播后，所有人都能自己开播，销售产品。前期通过直播，增强粉丝对自己的信任；形成一定的黏性后，可以尝试销售自己喜欢的商品，借由第一批铁杆粉丝的付费支持，慢慢形成销售口碑和在直播间下单的热闹氛围，一点点拉动直播间其他新人支付下单。

那么，个人主播可以卖什么商品呢？可以按照这个路径去挑选你喜欢的商品：微信底部的"发现"—视频号—右上角人型图标—创作者中心—带货中心—去选品，这里有来自有赞、当当、爱逛等电商平台的各种货源，可以根据自己的直播间调性、个人喜好等去挑选商品进行销售，直播带货后获得佣金。

如果你有自营产品，要注册企业小商店，在视频号直播进行销售。如果想从事直播带货，除提升内容力外，还要提升自己的运营力和销售力。

所谓运营力，是指运营好自己的粉丝团，多多与粉丝互动，跟粉丝打成一片，建立信任感，吸引他们愿意为你付出更多。销售力，指的是学会拆解或传达商品的卖点。因为带货主播本质上就是一名线上导购员，只有非常了解商品的特点，才能更好地推荐产品，以及为商品各种功能答疑。

2. 职业主播

当直播带货积累一定经验后，如果能快速掌握商品的卖点并进行销售，可以考虑第二种变现方式：成为职业主播。

职业主播与直播带货的区别在于：你不再在自己的直播间卖货，而是成为品牌方或电商平台的主播，帮助他们去完成销售目标。因为很多品牌厂家都有优质产品，除借由线下渠道或者传统的电商渠道进行销售外，也想转型直播电商，但又没有专业的主播员工。

做职业主播，可以固定签约品牌厂家或者电商平台，专门卖他们家的商品；也可以采用临时合作的形式，跟多个产品厂家达成合作，进行周期性的直播合作。

做职业主播，不仅要加强直播带货的能力，还要有品牌意识。这里的品牌意识，指的是要保护你所销售产品的品牌方。比如，一旦成为某类产品的主播，就不能跟它的竞品合作，类似于明星代言，如果某明星签约了某品牌的代言广告，就不会去签署同一品类的其他品牌的代言合约。

3. 直播操盘

有些人不擅长公众演讲，不习惯站在镜头前展示自己，就可以采取这种变现方式，即直播操盘手。

所谓直播操盘手，简言之，就是一场直播的幕后导演，其主要工作是：

在直播的筹备阶段,帮助主播一同策划直播主题,策划各种宣传方式,拉动预约数据,规划直播间的产品线,给主播指定销售目标等;在直播阶段,安排好主播直播的节奏、各类产品的上架、流量的投放,跟进直播的各种数据,及时同步给主播,等等;直播后,带着各种数据,跟主播一同复盘,校准设定好的目标是否如期达成、有何可改进之处。

幕后操盘手的存在,可以极大地分担主播的压力,让主播只专注于内容分享、粉丝互动和产品推荐,事前、事中的各种统筹工作都交由幕后操盘手完成。如果想扮演好操盘手这个角色,就要系统地了解直播的方方面面,平台规则、技术操作、直播流程等;还要有强烈的目标意识,帮助主播将指定目标拆解成一场场直播任务;还要具备统筹能力,调动主播私域的力量拉动热度,跟进商品的供应链。

4. 培训辅导

假如你是一名经验丰富的主播或直播操盘手,还有另一种变现方式——培训辅导。这是一种顾问式或者教练式的服务,就是用你的直播经验、操盘经验,去培训辅导想做直播的个人或企业。现在直播电商处于红利期,很多企业想转型,更愿意花高价去请顾问,梳理企业的直播链路,借由专家的经验去快速起盘,尽早入局直播变现的赛道。

假如是辅导个人主播,更多的是一对一的经验辅导,可以从直播经验、带货经验的角度去辅导,帮助他快速掌握直播的各种技巧。

假如是辅导企业,更多的是阶段性的陪跑服务,可以帮助企业去梳理自己的产品线,做好直播间的营销规划与战略布局,打通新的商业链路,帮助企业转型或拓宽直播这一销售渠道。

值得一提的是，做这种培训服务，要有版权意识。辅导用户的时候，不能直接将课程内容分享给用户，而是根据自己的经验给出具体的方法和建议。一方面，种下保护知识产权的种子；另一方面，给用户更加贴心的个性化服务。

路径四：网红电商

互联网时代，自媒体从形式到内容出现了裂变：信息的传播更个性化和多元化，当移动设备逐渐成为人类"器官"，天然的碎片时代孕育出黏稠的商业生态，比如，随着网络直播的迅速崛起，网红经济应运而生。

网红经济，是一种诞生于互联网时代的经济现象。网络红人在社交媒体上聚集流量与热度，对庞大的粉丝群体进行营销，将粉丝对他们的关注度转化为购买力，就能使流量变现。

未来自有品牌之路，四面开花的景观值得想象。其实，很多网红都有自己的品牌，网红们想要持续变现，创立自有品牌是必然的。

为什么网红如此热衷于自有品牌？究其根本，自有品牌的毛利率水平显著高于其他经过层层分销的商品，省去了层层加价的批发商环节以及各种物流转运费用，使得产品在同类中最大化做到优质低价，让利润最终回归用户。

中国网红电商的兴起，得益于背后强大的供应链体系。用户越来越注重商品品质和个性，未来的消费市场要求供应链离用户更近。网红带货在提升购物体验的同时，也在缩短供应链，让消费进入发展的快车道。

开发自有品牌的目的是依靠自己的渠道能力，向上打通供应链，适时、适量（数量和质量）、适价提供给用户产品，是供给和需求高度衔接的艺术。随着网红经济的发展，头部网红创立自有品牌的现象会越来越普遍，尤其在美妆、服装、母婴产品领域。在潮流不断变幻、流量逐渐分流的今天，只有跟紧潮流趋势才能实现持续性发展。

1. 网红经济商业模式

（1）"网红+直播+电商"模式。随着互联网技术的发展，各大电商平台纷纷借助直播平台依靠网红的影响力，带动消费。相较传统电商，网红直播有比图片、文字更生动形象的传播效果，能够解决传统电商平台的痛点，克服传统商品展示单一、图文信息不能满足用户需求，缺少与用户互动的弱点。另外，直播还具有基本的互动和场景联结，提供一个实时的消费渠道，为电商提供变现的机会。网红不仅不消耗电商平台流量，还能为电商平台带来流量，帮助电商平台增加销售额。

（2）"网红+孵化器+供应链"模式。"网红+孵化器+供应链"模式也是网红经济的一种商业模式。网红负责利用个人自身的魅力及热度在直播平台上吸引粉丝，聚焦流量，再利用微博、微信等新媒体对粉丝进行定向营销。孵化公司则对签约的网红进行包装，帮助提升网红的价值，增强网红的吸粉和变现能力，同时对粉丝的购买力、心理进行分析，以便能够为用户提供更有针对性的产品。除此之外，孵化公司还负责整个网红店铺的运营及日常管理等，并根据网红自身的特点以及用户心理对店铺产品进行宣传，形成网红与孵化公司高度契合的网红供应链。

2. 直播运营的步骤

现在做直播的人越来越多,但很多直播间并不赚钱,因为大家都不怎么刷礼物。直播间不赚钱的根本原因是:没有商业模式,或者说没有变现模式。所以,设计一个好的商业模式,是直播间变现的第一步。如果你的直播间没有变现模式,能赚钱是运气,不赚钱是必然。打造直播间的商业模式共分以下五步。

第一步,设计商业模式。任何事情都需要提前设计,才会取得好结果,才会得到你想要的结果。房子装修需要设计,装修出来后,你才会满意。如果不设计好就直接装修,想到哪里就做到哪里,结果肯定会乱七八糟。直播间变现同样需要先设计好你的商业模式。

第二步,找流量,拉流量。找流量、拉流量其实就是吆喝,把海量的人流拉到你的直播间。中国是全世界人口最多的国家,有很多流量,但是平台有流量不代表你的直播间就有流量,要想办法把人拉到你的直播间。只有通过海量的泛流量筛选,才能留下精准流量,找到合适的用户。

第三步,稳定流量。稳流量的过程,其实就是通过各种方法,把流量在一定时间内稳定在你的直播间,让平台持续给你推流,让你有时间去讲你的内容、讲你的产品。如果拉来的流量瞬间就跑,你是没有机会来讲你的内容或产品的。只有稳住了流量,你才有机会做你想做的事情,粉丝才有机会了解你这个主播。稳流量的办法有很多,每一个主播都要找到适合自己的稳流量的方法,千万不要盲目跟风。

第四步,输出内容,成交。很多直播间不赚钱的原因,主要是主播不愿意、不敢或不懂促进用户成交。很多主播认为直播间变现的途径就是等别人刷礼物，别人不刷礼物，就没有收入。但如今很多平台已经不允许主播向直播间的人要礼物了，规则越来越严格。主播向直播间的人要礼物，会违反直播行为规范，因此，主播的传统思路必须转变成成交思路，不能再坐等别人刷礼物，而是要主动出击，但是又不能违反直播行为规范。

第五步，实现裂变。99.99%的主播没有学习过裂变的商业模式，不懂得如何去裂变自己的粉丝和用户，粉丝成交一次后就变成了陌生人，没有第二次成交的机会和可能。只有学会裂变粉丝和用户，才能对粉丝和用户做到二次成交、三次成交，甚至把粉丝裂变成自己的合作伙伴。这种裂变模式，既能为粉丝带来好的产品，也能为粉丝带来利润和机会，让你的粉丝有赚钱和创业的机会。

路径五：知识付费

什么叫知识付费？有人总结：知识付费的本质，是把知识变成产品或服务，以实现商业价值。简言之，就是你可以付费学习某一方面的知识。

没人愿意落后，知识付费适时地出现在了人们的眼前。一次赞赏、一场在线语音讲座、一个付费课程……一大批对知识极度渴求的用户，愿意通过付费这种方式，精准定位与及时获取知识。

2016—2019年，是超级IP的时代，从事知识付费领域的人都是顶尖的行业精英、大咖，入局门槛极高，比如罗辑思维、樊登读书、混沌学园等。他们通过公众号、视频平台、独立App、跨年演说将高频曝光与付费模式相结合，把个人 IP 的影响边界和变现效率扩展到极限。

樊登读书于 2013 年 10 月正式成立，2023 年正式更名为"帆书"。

帆书是一家以其个人 IP 品牌为核心、传播知识的公司。公开信息显示，2020 年 11 月 11 日当晚 20 时至 22 时，樊登在抖音进行了两小时的直播，累计观看人数近 150 万人，直播间完成销售近 6000 单。据统计，2020 年"双十一"期间，樊登读书实现成交总额超过 4 亿元，成交单数超 100 万单。2021 年"双十一"，樊登读书一星期卖出总计 3 亿多元的会员费，读书节期间销量超过 4 亿元。

时至今日，超级 IP 开始急速退潮，过度依赖、过度透支超级 IP 所引发的问题越发显著。取而代之的是平民 IP 的崛起，2023 年是"全民皆师"的时代，每一位有知识、有技能的创作者都有机会通过知识付费创业。

抖音为了鼓励更多创作者的加入，提出了"新人流量扶持百万计划"。也就是说，越是新手、零基础的"小白"，越容易得到流量扶持。即使你不会拍视频，没粉丝，只要敢想敢干，只需一部手机，无须高颜值，就能开始做。

抖音上的知识付费声量，最具代表性的是清华大学博士李一舟。拥有 136 万粉丝的他已经在抖音变现千万元，他在直播间和短视频里反复强调，"普通人逆袭的最好机会是做个人 IP、做知识付费""各行各业都可以做一门课程""知识付费是真的香"，吸引大量粉丝。

受自媒体平台发展的影响，众多普通人开始包装自己的技能点，在抖音做起了知识付费。除了传统的职业技能培训、兴趣爱好培训，还出现了各式各样的课程，例如，达人"静静"开设的"50 个多肉种养问题及解决办法教程小白课程";达人"Nice爱摄影"开设的"Nice爱摄影手机修图零基础入门到精通";达人"路飞教练"开设的"路飞·三餐搭配实操课程"……"知识付费+短视频"的时代已经到来,教育相关从业者、拥有一技之长的普通人,都有了将自己的知识、技能变现的机会。

1."知识付费"的分类

根据内容形态的不同,知识付费大致可以分为三类。

(1)付费问答。内容生产者基于用户的特定问题进行回答,并以所有查看答案的用户均摊付费的形式实现,其内容生产门槛低,知识性薄弱,用户黏性较弱,内容的呈现以图文为主要形式,分答、微博问答是典型案例。

(2)付费讲座。由内容生产者自选主题进行的单次内容分享,用户在试听的基础上选择是否付费观看,每次分享时长为1小时左右,主要以音频的形式呈现,辅以图文,知乎live、分答小讲是其典型案例。

(3)专栏订阅。内容生产者推出长期的系列课程、讲座,通常以月或年为单位进行一次性预付费。这类产品价格最高,用户黏性强,但内容更具专业性和体系化。

2.打造一门好卖的课程

要想打造一门好卖的课程,建议大家从以下四步着手:

(1)精准定位。一个产品成不成功、受不受欢迎,产品最开始的定位是否精准很关键。目前,生活知识、人文知识、科普知识是抖音百万粉丝创作者数量增长最快的内容领域;个人成长、商业财经、亲子教育、语言教学、情感生活、音乐艺术等,也是很受用户喜爱的知识付费课程方向。

当然，我们也不需要完全追踪热门，要结合自己的目标用户群体特点，针对用户痛点来确定自己的课程方向，从花艺、硬笔书法、唱歌、形象管理到短视频剪辑、电工、台球等入手。事实证明，只要方向足够精准，即使再小的赛道，或者你从未想过可以变现的技能，都能收获大量粉丝。

（2）合理的价格。合理的价格在一定程度上决定了课程是否好卖。老师要根据目标客群的定位、产品的价值、课程内容的长短来定价。比如，针对初学者的课程，价格可以设置在普通人比较容易接受的范围内，比如19.9~139元。如果课程内容比较高深，针对高阶学生，价格可以适当提高，这类用户一般不太在乎价格，比较关心课程是否物有所值。老师在制作课程和定价时，可以根据内容和客群来灵活调整，让课程对用户更有吸引力。

（3）优质的内容。价格可能会冲破用户的心理防线，但决定用户是否下单的关键在于内容的质量。口碑和复购是检验知识产品成功与否的唯一标准。一款好卖的付费知识课程，最重要的是课程质量好，内容的好坏还决定了用户的二次传播能力。比如，老师可以按照主题创建专栏课程，持续更新，循序渐进教学，并为用户开启"试看"权限，让用户提前感受课程的含金量，更快下定付费决心。

（4）便捷的流程。只有让用户看到、易付费、好学习，才算是真正的"好卖"。试想：你在短视频和直播间卖力推广，用户心动了，马上就想下单，却找不到购买渠道；或者用户辛辛苦苦找到了通道付费，却发现不能在抖音内便捷地学习，还要额外花精力各种跳转至外部平台，甚至找不到课程。对于内容创作者来说，付费转化交付流程太复杂，很可能会流失好不容易吸引来的用户，也不利于口碑的传播。因此，可以在短视频及直播间内直接放课程链接，让便捷的产品路径提升用户体验，用户边看视频或听直播讲解边下单，后续直接在小程序内学习。

3. 知识付费的变现

知识付费的变现主要有以下几种方法：

（1）资料包。这种方法不需要掌握很高深的知识，只要做一个有心人，就能变现。

什么是资料包呢？就是将某类实用的模板、实例、文案、大纲等，按照一定的应用价值，收集打包，制成电子版或纸质书。比如，某资料包是将各行各业的资料收集整理到一起，其中有销售技巧、文案、人情应对方法等，别人拿去直接就能用。有人还将某项考试的备考心得做成资料包；或者把学习某项技能的过程整理成笔记资料包。所以，只要你有心，发现需求的市场，收集相关资料，就可以变现。

（2）主题资料社群。你可以组建一个大家有共同需求的微信群，比如以新手妈妈为主的母婴社群。

众所周知，0~3岁的新手妈妈是最焦虑的，她们会面临很多困惑，完全可以收集这些问题的解决方案，并在群内分享。比如，怎么给孩子喂奶粉最科学？母乳喂养应注意什么？总之，分享的资料都是新手妈妈需要的内容。这类微信群可以采用会员制，收年费200~300元，一天不到一元钱。这种主题资料社群，针对的是特定的小众人群，越精准越好。比如，只针对3~6岁孩子的育儿经验，只针对6~12岁孩子的语言学习，只针对烘焙店的营销方案，还有小学升初中的学习资料等。

（3）复课。复课，就是当你付费学了一门高价值、有门槛的课程，征得老师的同意后，可以把这门课程复制下来，再卖给需要学习这门课程、但又没法付出高价学费的人。举个真实的例子。

有个女孩报了一门私塾课，报价15万元，她在开课之前，在自己的群里说："我现在要去上一门特别棒的课，这个课录取很难，学费也很高，我花了15万元。但这个老师特别厉害，我已经征得老师的同意，可以进行复课……我要招募15个小伙伴跟我一起学习。我每次学完回来后，会一模一样地复课给你们，学费9999元。"原本只想招募15个学员，结果招募了20个学员。相当于女孩学习这门高价课，不仅没有花钱，还赚了5万元，把路费都赚回来了。这是一个很好的学习和变现的商业模式。

4.会员俱乐部圈子变现

社群是一个很宽泛的概念，其主要特征是：有稳定的群体结构和一致意识，群成员之间有一致的规范，会持续性地互动。对于个人IP来说，社群指的是各类电商圈子、俱乐部和协会。

这类俱乐部的盈利方式一般是以会费为主，大多实行会员制，既保证了俱乐部能够稳定运行，也保证了会员的门槛。待俱乐部发展到一定程度后，会拥有自己的影响力，借助这股影响力进行推广和宣传，也是多数圈子的收入来源之一。这里，我们以1993九山引流俱乐部为例来说明。

王九山是媒体人和畅销书作家，更是九山引流俱乐部创始人，1993联合发起人，拥有百万级的学员资源，影响行业2500万人以上。其擅长品牌IP打造、全网排名、品牌全案服务、引流策划和互联网整合营销的推广布局……著有《百度霸屏全网络营销之道》《微商引流爆粉实战宝典》《社交电商新零售：团队裂变和业绩倍增解决方案》等。

九山引流俱乐部是一个高质量的社交社群，为会员提供提升影响力的路径，帮助会员结识各行各业的知名人物。同时，还为会员提供推荐和曝光引流的机会，使会员实现粉丝裂变，让自己成为有影响力的IP。

该俱乐部不仅会在群里分享开课，还发挥主营业务优势，帮品牌方做免费的网络布局诊断（出诊断报告）。

帮助别人就是帮助自己，秉承这种"利他"精神，九山引流俱乐部快速吸引了大批优秀人士。

后记

品牌 IP 具有快速识别品牌形象的作用，承载着品牌的精神与价值，可以触达消费者的心智，联结消费者的情感，深化品牌，实现商业变现。每个品牌身上都藏有一个 IP 化按钮，每个品牌都有潜在的 IP 化路径，积极打造品牌 IP，提高个人 IP 影响力，是众企业在移动互联时代生存并制胜的法宝。

通过本书的学习，相信大家都能对品牌与个人 IP 的打造方法做到心中有数。但在本书结尾之际，我要告诉大家的是：

首先，书中介绍的方法是我经过数百次的行业走访，查阅大量的专业书籍，再加上总结现实中的培训案例，所得的切实可行的经验，只要加以运用，定能取得理想的效果。

其次，掌握知识固然重要，但最重要的还是实践。掌握了打造品牌与个人 IP 的方法后，只有主动将它们运用到具体实践中，才能取得理想的效果，更能验证这些方法的可行性。

再次，方法固然可信、可行，但不一定每个方法都适合您，选择真正适合自己的方法，才是重中之重。囫囵吞枣般一口吞下，并不明智，从书中选出适合自己企业或品牌的方法，才是智者所为。

最后，祝愿所有想要打造 IP 品牌的各位读者朋友心想事成，在吸引更多粉丝的同时，也能够提高个人品牌影响力！

著者

2024 年 3 月